Vom Zauber des Lavendels

Vom Zauber des Lavendels

Für Gesundheit und Schönheit · In Garten und Küche · Als Duft und Dekoration

Tessa Evelegh

Fotos von
Debbie Patterson

Kaleidoskop Buch

Für Ann
Das schönste Lavendelkissen

Aus dem Englischen übersetzt von Angelika Feilhauer
Redaktion: Silvia Rehder
Korrektur: Bettina Bach
Umschlaggestaltung: Dirk Risch, München
Herstellung: Dieter Lidl
Satz: DTP Josef Fink

Die Originalausgabe mit dem Titel *Lavender* wurde erstmals 1996 im Verlag Lorenz Books,
London, einem Imprint von Anness Publishing Limited, veröffentlicht.

Fotos und Styling: Debbie Patterson
Design: Nigel Partridge
Illustrationen: Anna Koska

Druck und Bindung: Graficas Estella
Printed in Spain

ISBN 3-88472-450-9

BILDQUELLENNACHWEIS

The Bridgeman Art Library: S. 18; Bruce Coleman Ltd: S. 8 (Herbert Kranawetter),
S. 20 (C. Martin Pampaloni); The Garden Picture Library: S. 16, S. 19, S. 28 (links und rechts),
S. 32, S. 33, S. 35 (links und rechts); Clive Nichols: S. 34; Visual Arts Library: S. 10

HINWEIS

INHALT

EINFÜHRUNG

Seit Menschengedenken nimmt Lavendel wegen seines lieblich würzigen Duftes und seiner Heilkraft eine besondere Stellung unter den Kräutern ein. So soll er nervöse Kinder beruhigen und bei Schlaflosigkeit, Angst und Niedergeschlagenheit helfen – mit anderen Worten: ein wunderbares Gefühl des Wohlbefindens herbeiführen. Schon die Beschäftigung mit Lavendel für dieses Buch hat mir ein solches Gefühl verschafft und nie hat mir Arbeit so viel Vergnügen bereitet. Ob es daran lag, daß Farbe und Duft des Lavendels ihn zu einem so vielseitigen, schönen Arbeitsmaterial machen, oder ob er mich einfach verzaubert hat, werde ich wohl nie herausfinden. Doch ich hoffe, Ihnen dieses Vergnügen durch die Ideen und Arbeitsanleitungen in diesem Buch vermitteln zu können.

In mir weckt Lavendel Erinnerungen besonderer Art. Er bringt mich zurück in meine Schulzeit in Devon, wo in fast jedem Garten üppige Lavendelhecken wuchsen. Wenn ich, von seinem Duft betört, durch die ländlichen Straßen Devons spazierte, konnte ich nie widerstehen, ein paar Stengel zu pflücken. Zu Hause legte ich die Blütenköpfe zum Trocknen auf ein Tablett und fertigte dann ein Lavendelkissen für meine Mutter an – eines pro Jahr. Die Lavendelkissen existieren schon lange nicht mehr; sie wurden Opfer zahlreicher Wohnungswechsel – doch es mangelt in diesem Buch nicht an Ideen für unzählige neue Verwendungsmöglichkeiten.

Eine Zielsetzung für dieses Buches war: Alle Vorschläge sollten leicht umsetzbar sein, mit Rücksicht darauf, daß unser heutiges Leben oft wenig Raum für zeitraubende Handarbeiten läßt. Ein anderes Ziel bestand darin, nicht nur die vielfältige Vergangenheit des Lavendels aufzuzeigen und das Ansehen, das er einst genoß, sondern ihn auch aus neuer Perspektive zu betrachten. So wunderbar romantisch die gedankliche Verknüpfung von Lavendel und viktorianischem England auch sein mag, die schlanke Form seiner Zweige, sein berauschender Duft und seine verschiedenartige Färbung bergen weit mehr Möglichkeiten, als nur Großmutters Wäschetruhe mit Duft zu erfüllen.

OBEN: Lavendelernte auf den wogenden Feldern von Englands letzter kommerzieller Lavendelfarm in der Grafschaft Norfolk.

RECHTS: Ein Getränk für zwei mit dem ungewöhnlichen Aroma des Lavendels läßt sich in der Abendstimmung besonders gut genießen.

KAPITEL EINS

GESCHICHTE UND BRAUCHTUM

DER SPEICK IST EIN KRAUT MIT SCHLANKEN ZWEIGEN, BEHAART WIE THYMIAN, DOCH LANGBLÄTTRIGER UND SCHARF IM GESCHMACK UND ETWAS BITTER.

DIOSKURIDES, UM 60 N. CHR.

OBEN: Weißer Lavendel bildet einen wunderschönen Kontrast zu den violetten Sorten.

LINKS: Lavendel ist im Mittelmeerraum heimisch, wo man ihn seit Jahrhunderten neben Olivenbäumen zieht.

Mit seinen prächtigen Farben und seinem verführerischen Duft hat der Lavendel schon früh die Herzen von Männern und Frauen gleichermaßen erobert. Im Verlauf dieser innigen Beziehung wurden ihm alle erdenklichen – tatsächlichen und imaginären – Eigenschaften zugeschrieben.

Seit römischer Zeit wird er nicht nur wegen seines unverkennbaren Duftes geschätzt, sondern auch, weil er heilende, antiseptische Wirkung besitzt und Insekten fernhält. In der Bibel finden sich mehrere Hinweise auf den hohen Preis von Lavendel. So steht im Neuen Testament, daß Maria Magdalena Jesus mit köstlichem Nardenöl die Füße salbte und von den Herumstehenden gescholten wurde, das kostbare Salböl vergeudet zu haben.

Im Laufe der Jahrhunderte vermischten sich biblische Hinweise und Legende. So hieß es, daß Adam und Eva den Lavendel mit sich genommen hatten, als sie aus dem Garten Eden vertrieben worden waren. Seinen typischen Duft erhielt der Lavendel nach der Legende jedoch erst viel später, als Maria nämlich eines Tages die Kleider des Jesuskindes zum Trocknen auf einen Lavendelbusch legte.

Vielleicht lag es an der Berührung durch die heilige Jungfrau, daß Lavendel als Schutz vor Bösem galt. So hängte man etwa ein Kreuz aus Lavendel über die Haustür. In gewisser Hinsicht wehrte er Böses, nach Meinung unserer Vorfahren, insofern ab, als er anscheinend vor Krankheit schützte.

OBEN: Lavendel trug dazu bei, eine Stadt vor der Vernichtung zu retten, als Judith mit seiner Hilfe den Feldherrn Holofernes betäubte.

Während der großen Pestepidemie im London des 17. Jahrhunderts glaubte man, daß ein an jedes Handgelenk gebundenes Lavendelsträußchen den Träger stets vor Ansteckung bewahren würde.

Es ist bekannt, daß Grabräuber, die die persönliche Habe von Pestopfern raubten, sich mit sogenanntem »Vier-Diebe-Essig« wuschen, einer Essenz, die Lavendel enthielt. Obwohl die Diebe häufiger mit infektiösen Personen in Kontakt gekommen sein müssen als die meisten Menschen, erkrankten sie vergleichsweise nur selten.

Auch im Frankreich des 16. Jahrhunderts wurde Lavendel als wirksamer und zuverlässiger Schutz vor Infektionen betrachtet. So entgingen beispielsweise Handschuhmacher, die ihre Waren mit Lavendel parfümieren durften, zu jener Zeit der Cholera.

Heute ist Lavendel mehr als ein Symbol der Liebe als wegen seiner antitoxischen Eigenschaften bekannt. Nach den Volkslegenden hat sein Duft zweifellos einige glücklose Männer beinahe besinnungslos gemacht. In einem der apokryphen Bücher der Bibel wird berichtet, wie sich Judith mit allerlei Duftstoffen, darunter auch Lavendel, salbt, bevor sie Holofernes, den feindlichen Feldherrn, betört. Und als er ihrem himmlischen Duft erliegt, tötet sie ihn und rettet so ihre Stadt.

Gegen Ende des Mittelalters schien sich ein heißer Draht zwischen dem Lavendel und Amor entwickelt zu haben. Wenn ein Mädchen wissen wollte, wer ihr Liebster werden sollte, trank sie am Tag des heiligen Lukas ein Gebräu aus Lavendel und murmelte dabei:

Heiliger Lukas, sei mir gewogen,
Zeig mir im Traum meinen Liebsten.

Noch in späteren Jahrhunderten wurde Lavendel immer wieder als Zauberkraut bemüht, um den Liebenden beizustehen. Beispielsweise steckten Mädchen Lavendel unter das Kissen ihres Liebsten, in der Hoffnung, dadurch in ihm romantische Gefühle zu wecken, und Frischvermählte schoben Sträußchen aus getrocknetem Lavendel unter die Matratze, damit die Leidenschaft nicht erlosch.

LAVENDEL IN DER HEILKUNST

SPEICK LÖST DEN STAU IN LEBER, LUNGEN, MILZ, GEBÄRMUTTER, BLASE, IN EINEM WORT IN ALLEN INNEREN ORGANEN, REINIGT UND VERTREIBT ALLE SCHLECHTEN, VERDERBLICHEN STIMMUNGEN.

THE HERBALL, JOHN GERARD, 1597

Jahrhundertelang waren die Hausapotheken der Menschen mit heimischen Kräutern bestückt, und der Lavendel spielte stets eine wichtige Rolle. Der erste Hinweis auf seine Heilkraft findet sich 77 n.Chr. bei dem griechischen Arzt Dioskurides, der schreibt: »Die Abkochung davon ... ist gut für die Beschwerden in der Brust.« Etwa zur selben Zeit verkündete Plinius der Ältere, ein Römer, Lavendel würde den Schmerz Hinterbliebener lindern und bei Menstruationsbeschwerden, Magenverstimmungen, Nierenleiden, Gelbsucht, Wassersucht und Insektenstichen helfen. Die römischen Soldaten waren von der Heilwirkung des Lavendels so überzeugt, daß sie ihn zur Behandlung von Kriegsverletzungen mit auf ihre Feldzüge nahmen.

Im Mittelalter waren es dann die Mönche und Nonnen, die Kräuter zogen und zur Herstellung von Arzneien verwendeten. Hildegard von Bingen schrieb im 12. Jahrhundert nieder, was die Römer schon Jahrhunderte früher gewußt hatten: Lavendelöl sei ein wirksames Mittel gegen Kopfläuse. Und noch 1874 wurde es bei Kindern in der Provence aus diesem Grund angewandt. Im 16. Jahrhundert war Königin Elizabeth I. von England eine überzeugte Anhängerin des Lavendels. So trank sie große Tassen Lavendeltee gegen ihren häufigen Migränekopfschmerz.

Während des 17. Jahrhunderts wurde der Lavendel in den Heilpflanzenbüchern praktisch zum Allheilmittel, das Kopfschmerzen linderte, nervenberuhigend wirkte, Akne heilte und Erleichterung bei Insektenstichen und »den Bissen von Schlangen, tollwütigen Hunden und anderen giftigen Kreaturen« verschaffte.

Im 19. Jahrhundert erschien Lavendel in der *London Pharmacopeia* als Inhaltsstoff für Tropfen, die zur Behandlung von »Fallsucht, Erkrankungen von Kopf, Gebärmutter, Magen und Nerven sowie Schlaganfall, Lähmung, Krämpfen, Schwindel, Gedächtnisverlust, schlechten Augen, Melancholie, Ohnmachtsanfällen, Akne und Unfruchtbarkeit von Frauen dienten.«

Als während des Ersten Weltkriegs moderne Mittel zur Wunddesinfektion knapp waren, wurde die Öffentlichkeit aufgerufen, Gartenlavendel zu sammeln, dessen Öl man zusammen mit Sphagnummoos zur Behandlung von Kriegswunden einsetzte.

Noch heute wird Lavendel für Pflanzenheilmittel verwendet. Mit getrocknetem Lavendel

LINKS: Kräuterheilkundige und Apotheker benutzen schon seit alter Zeit Arzneien aus Lavendel.

Oben: Lavendelbüsche lassen eine wunderhübsche, natürliche Einfassung für Gartenwege entstehen.

gefüllte Kissen können den Schlaf fördern und bei Streß oder Niedergeschlagenheit helfen. Lavendeltee kann man nicht nur trinken, sondern auch zur Herstellung von Kompressen verwenden, um Wunden zu behandeln oder, auf die Stirn gelegt, Nebenhöhlenprobleme, Kopfschmerzen, Kater, Müdigkeit, Anspannung und Erschöpfung zu lindern.

Doch auch Pflanzenheilmittel können bei falschem Gebrauch gefährlich sein, und daher ist es am besten, zur inneren Anwendung Lavendel nur in Form von schwachem Tee einzunehmen, sofern er nicht vom Fachmann verordnet wurde.

Kompressen

Zur Herstellung einer Kompresse tränkt man ein sauberes Tuch mit einem heißen Lavendelaufguß. Man legt die Kompresse auf, sobald sie ausreichend abgekühlt ist.

Tee oder Aufguss

Man gießt kochendes Wasser in eine Tasse und läßt es 30 Sekunden abkühlen, dann gibt man einen Teelöffel frischen oder getrockneten Lavendel dazu. Während der Tee zieht, rührt man ihn gelegentlich um. Nach 10 Minuten gießt man ihn durch ein Sieb. Er wird lauwarm, nach Wunsch mit Honig, getrunken.

Die antiseptischen Eigenschaften dieses Tees helfen, den Körper zu reinigen und Kopfschmerzen und Magenverstimmungen zu lindern.

AROMATHERAPIE

LAVENDEL ... DUFTET NICHT NUR SÜSS UND IST WOHLTUEND FÜR DEN KOPF, SONDERN HILFT AUCH GEGEN LÄHMUNGEN UND ANDERE GEBRECHEN.

HAVEN OF HEALTH, THOMAS COGHAM, 1584

Wenngleich das Wort »Aromatherapie« neu ist und erstmals in den zwanziger Jahren dieses Jahrhunderts in einem Artikel des Chemikers René-Maurice Gattefosse auftauchte, ist diese Heilmethode schon viele tausend Jahre alt. So beschrieb der griechische Philosoph Theophrast im 3. Jahrhundert v. Chr. die heilenden Eigenschaften von Duft in seinem Buch *De odoribus* (»Über die Düfte«). Die Wirkung von Wohlgerüchen war ganz offenbar schon früh bekannt. Lavendel wurde als Streu verwendet, um die Luft zu verbessern oder Krankenzimmer auszuräuchern und bei religiösen Zeremonien dem Weihrauch zugegeben. Heutige Aromatherapeuten glauben, daß Düfte das chemische Gleichgewicht im Körper beeinflussen können, was die stimmungsverändernde Wirkung von aromatischen Kräutern wie Lavendel erklären könnte.

Seit Gattefosse eine infektiöse Verbrennung an seiner Hand, die er sich im Labor zugezogen hatte, mit reinem Lavendelöl behandelte und damit eine erstaunlich schnelle Heilung erreichte, hat Lavendelöl einen besonderen Platz in der modernen Aromatherapie bekommen. Schon vorher hatte Gattefosse entdeckt, daß bei schweren Kriegsverletzungen, die sich infiziert hatten, die Behandlung mit Lavendelöl eine Entgiftung des Körpers bewirkte. Die Wunden selbst heilten bemerkenswert rasch und eine Genesung trat erstaunlich schnell ein.

Die Aromatherapie basiert auf der Verwendung ätherischer Öle, die durch Destillation gewonnen werden. Da das Destillieren zu Hause nicht ohne weiteres gelingt, ziehen es die meisten Menschen vor, das Öl zu kaufen. Reines Lavendelöl ist teuer, doch sollte man sich nicht durch günstige Angebote in Versuchung führen zu lassen. Ein niedriger Preis bedeutet oft, daß das Öl mit anderen Ölen gemischt wurde, die sich für die Aromatherapie weniger eignen. Man sollte nur in einem guten Geschäft kaufen und auf die Aufschrift »Reines Lavendelöl« achten.

VERWENDUNG VON LAVENDELÖL

Es gibt viele Möglichkeiten für den Einsatz von Lavendelöl, doch wie alle ätherischen Öle ist es stark konzentriert und sollte umsichtig verwendet werden. Zudem darf man es weder innerlich anwenden noch zur Behandlung von Kindern unter 18 Monaten benutzen.

Duftlampen

Wenn Sie Lavendelöl verbrennen, erfüllt es die Luft mit phantastisch aromatischem Duft. Er ist zu jeder Zeit des Jahres und sowohl im Raum wie auch im Freien wunderbar. Er wirkt entspannend und lindert Kopfschmerzen. Im Sommer zeigt sich noch eine weitere nützliche Eigenschaft: Lavendel hält Insekten fern.

Heute sind spezielle Duftlampen, zumeist aus Keramik, im Handel erhältlich. Sie bestehen gewöhnlich aus einer flachen Schale, die auf einem Korpus sitzt, in den eine Kerze gestellt wird. Man gibt einen Eßlöffel (15 ml) warmes Wasser in die Schale, fügt einige Tropfen ätherisches Öl hinzu und zündet die Kerze an. Dann lehnt man sich zurück und genießt den Duft. Es muß regelmäßig Wasser nachgefüllt werden, damit die Schale nicht austrocknet. Duftlampen sollten nie unbeaufsichtigt brennen, in einem Kinderzimmer zurückgelassen werden oder weiterbrennen, nachdem man zu Bett gegangen ist.

Badezusatz

Ein Lavendelbad wirkt entspannend und leicht antiseptisch, zudem unterstützt es die Heilung kleiner Schnittwunden und Kratzer, Stiche oder

UNTEN: Für eine Partnermassage hält man einige warme Handtücher, Kissen und die vermischten Öle in einer angewärmten Schüssel bereit. Gedämpftes Licht und sanfte Musik sorgen für eine entspannte Atmosphäre.

Schwellungen. Es bildet auch einen schönen Abschluß für den Tag, vielleicht nach einer anstrengenden Autofahrt oder einem streßreichen Arbeitstag. Geben Sie 5–10 Tropfen Lavendelöl in ein warmes Bad. Legen Sie sich im Wasser zurück und schwelgen Sie!

Massage

Ein Massageöl, das aus Lavendelöl und einer Grundlage wie Mandel-, Sonnenblumen- oder Olivenöl hergestellt wird, kann entspannend wirken und Streß lindern. Man verwendet pro 5 ml Grundlage 2–3 Tropfen ätherisches Öl. Für größere Mengen vermischt man 100 ml Grundlage mit 20–60 Tropfen Lavendelöl.

Inhalation und Hautreinigung

Um eine verstopfte Nase freizumachen oder die Haut von Akne und Unreinheiten zu befreien, inhaliert man oder badet sein Gesicht in Dampf.

Man gibt 5–8 Tropfen Lavendelöl in eine Schüssel mit dampfendem Wasser. Dann beugt man sich über die Schüssel, legt ein sauberes Handtuch über den Kopf und atmet vorsichtig.

Erste Hilfe mit Lavendelöl

Man kann Lavendelöl als Antiseptikum verwenden, um die Heilung von Schnittwunden und Kratzern, Entzündungen, auch in Folge von Verbrennungen, Furunkeln, Akne, Dermatitis und Ekzemen zu unterstützen, zur Linderung der

Durch das Verbrennen von Lavendelöl in einer speziellen Duftlampe entsteht eine stimmungsvolle Atmosphäre, und gleichzeitig hält es Insekten fern.

Symptome, die bei Sonnenstich, Insektenstichen und Tierbissen auftreten sowie zur Stimmungsaufhellung. Es folgen einige Möglichkeiten, Lavendel zur Ersten Hilfe einzusetzen.

Akne

Vermischen Sie 2 Tropfen reines Lavendelöl mit normaler, unparfümierter Feuchtigkeitscreme. Diese Mischung unterstützt das Abheilen hartnäckiger Pickel.

Verbrennungen

Verteilt man auf leichten Verbrennungen oder Verbrühungen einen Tropfen Lavendelöl, lindert dies die Schmerzen und fördert die Heilung.

Erkältungen

Einige Tropfen Lavendelöl in ein warmes, entspannendes Bad gegeben, unterstützen die Ausscheidung von Giftstoffen. Nach dem Bad kann man einen Tropfen Lavendelöl unter jedem Nasenloch verreiben. Der kampferartige Geruch wirkt schleimlösend.

Verstopfte Nase

Wer eine verstopfte Nase hat, kann einige Tropfen Lavendelöl auf sein Taschentuch geben und während des Tages immer wieder daran riechen. Nachts kann er das Taschentuch nahe der Nase auf das Kopfkissen legen oder ein Lavendelkissen nehmen (siehe unten), um die Nase während des Schlafens freizuhalten.

Kopfschmerzen

Ein Tropfen Lavendelöl auf jede Schläfe getupft hilft bei Migräne und anderen Kopfschmerzen.

Insektenstiche

Durch Stiche verursachtes Brennen und Jucken läßt sich mit einem Tropfen Lavendelöl lindern.

Schlaflosigkeit

Fertigen Sie ein Lavendelkissen an, und legen Sie es zum Einschlafen neben Ihre Nase. Der Duft, den Sie einatmen, wird Sie entspannen und schläfrig machen.

Sonnenbrand

Geben Sie einige Tropfen Lavendelöl in stilles Mineralwasser und sprühen Sie es mit einem Zerstäuber auf die betroffene Hautpartie.

In alter Zeit

EIN VERSCHLOSSENER GARTEN IST MEINE SCHWESTER BRAUT, EIN VERSCHLOSSENER GARTEN, EIN VERSIEGELTER QUELL ... MIT HENNADOLDEN, NARDENBLÜTEN.

Das hohe Lied Salomos, um 900 v. Chr.

Der kostbare, aromatische Lavendel ist seit alter Zeit hochgeschätzt. Schon die Ägypter kannten berauschende Parfüms, die mit hoher Gewißheit Lavendel enthielten. Als man 1922 das Grab des Tutanchamun öffnete, das etwa 3000 Jahre verschlossen gewesen war, fand man Gefäße mit Salbe, die immer noch schwach nach Lavendel duftete. Vermutlich wurde diese kostbare Salbe damals nur von Mitgliedern der königlichen Familie verwendet oder den Hohen Priestern, die sie herstellten.

Frauen wußten immer um die verführerische Macht des Parfüms. Als die Königin von Saba sich mit König Salomo handelseinig werden wollte, beschenkte sie ihn mit Weihrauch, Myrrhe und Lavendel. Und Kleopatra verführte Julius Cäsar wie auch Marcus Antonius mit Hilfe von Parfüms, die Lavendel enthielten.

Doch war das Parfümieren des Körpers in jenen Tagen zweifellos kein Vorrecht der Frauen. Im alten Ägypten pflegten sich wohlhabende Männer Kegel aus fester Salbe auf den Kopf zu setzen, und wenn diese langsam schmolz, überzog sie ihre Körper mit schweren, kostbaren Düften.

Im 3. Jahrhundert v. Chr. zog es der griechische Philosoph Diogenes jedoch vor, unten zu beginnen und salbte statt des Kopfes die Füße. Wenn man seinen Kopf mit Parfüm salbe, flöge es durch die Luft fort, und nur die Vögel hätten etwas davon, argumentierte er, doch wenn man es auf seine unteren Gliedmaßen auftrage, hülle es den ganzen Körper ein und steige dankbar zur Nase empor.

Die Römer schwelgten in Düften und verwendeten reichliche Mengen aromatischer Öle, um Haar, Körper, Kleidung und Betten Wohlgeruch zu verleihen und natürlich auch ihren berühmten öffentlichen Bädern, die sich in prunkvollen Gebäuden befanden. Das Baden war eine Art Zeremonie, die mit einem ersten Einölen im *unctuarium* begann, dem ein kaltes Bad im *frigidarium*, ein lauwarmes in *tepidarium* und ein heißes im *caldarium* folgte. Im heißen Bad begossen sich die Römer mit warmen, duftenden Ölen, dann folgte eine Körpermassage mit aromatischen Ölen. Römische Frauen badeten zu Hause und cremten sich anschließend mit *nardum* ein, einem duftenden Präparat auf Lavendelbasis. Nachts hängten sie Lavendel neben ihre Betten, vermutlich ebenso zur Abschreckung von Bettwanzen wie zum Verführen potentieller Freier.

Aus alter Zeit stammen auch verschiedene Namen des Lavendels. In seinem Heilpflanzenbuch *Herbal Simples* schreibt ein gewisser Dr. Fernie im 17. Jahrhundert »Von den Griechen erhielt der Lavendel den Namen Nardos, nach Naarda, einer syrischen Stadt in der Nähe des Euphrat.«

Die Römer kannten bereits den Schopflavendel und nannten ihn *stoechas* nach den Stoechaden, den heutigen Iles d'Hyères vor der französischen Rivieraküste.

Links: Eine Sonnenuhr wird zu einem großartigen Blickfang, wenn sie von weißem Lavendel umgeben ist, der wiederum von einer Doppelreihe malvenfarbenen Lavendels eingerahmt wird. Auf diese Weise entsteht eine Grenze zwischen zwei Gartenbereichen.

Rechts: Reihen aus blühendem Lavendel verleihen diesem sommerlichen Feld eine steppdeckenartige Struktur.

LAVENDEL IN ENGLAND

»LAVENDEL WIRD BEI UNS GEBRAUCHT, UM LINNEN, KLEIDUNG, HANDSCHUHE UND LEDER ZU PARFÜMIEREN, UND DIE GETROCKNETEN BLÜTEN LINDERN BEI ERKÄLTUNG.«

JOHN PARKINSON, 1629

Im mittelalterlichen England waren es die Mönche, die in ihren liebevoll gepflegten Heilkräutergärten das überlieferte Wissen bewahrten. Schon 1301 findet sich unter den Kräutern, die in Merton Abbey gezogen werden, auch Lavendel. Dies ist der vielleicht erste Hinweis auf die Rolle, die die umliegende Region einmal in der Geschichte des englischen Lavendels spielen sollte. Im Zentrum von Mitcham gelegen, sollte die ganze Gegend bis zur Mitte des 19. Jahrhunderts mit wogenden Feldern aus purpurnem Lavendel überzogen sein und zum absoluten Mittelpunkt der englischen Lavendelölproduktion werden.

Die Verlagerung der Lavendelkultur von Heilkräutergärten in Hausgärten erfolgte um die Zeit, als im 16. Jahrhundert König Heinrich VIII. von England die Klöster auflöste. Der Lavendel begann wieder die gleiche Beliebtheit zu erlangen, die er in römischer Zeit genossen hatte, und die Damen in den herrschaftlichen Häusern bereiteten in Destillationsräumen selber Duftwasser zu, das sie dann zu festlichen Anlässen verschenkten.

Wiederum wurde Lavendel ein Symbol der Reinlichkeit und zwischen Bettwäsche gestreut, in duftende Kissen genäht, zum Erfrischen der Luft verwendet und mit Bienenwachs vermischt, um Möbelpolitur herzustellen.

Königin Elizabeth I. liebte Lavendel, und sie verwendete ihn nicht nur zur Linderung ihrer Migräne, sondern auch in Form von Parfüm, für

OBEN: Dieser Stich zeigt eine Straßenverkäuferin, die Lavendel feilbietet – zur Zeit seiner Entstehung ein vertrauter Anblick in Londons Straßen.
Aus Modern London *von Richard Phillips, 1804.*

das sie einen hohen Preis bezahlte – ein einziges Fläschchen kostete vierzig Pfund. Dies förderte die Entstehung von Lavendelfarmen und führte zu einer ständig wachsenden Zahl von Lavendelprodukten.

Henrietta Maria, die Gemahlin von König Charles I., brachte Kosmetika vom europäischen Festland an den englischen Hof und mit ihnen die Idee, Seife mit Lavendelöl zu parfümieren, Duftpotpourris herzustellen und zum Waschen und Baden Lavendelwasser zu benutzen.

Wieder taten sich auch Lavendel und Amor zusammen, was in unzähligen Liedern und Versen Ausdruck fand.

Im 16. und 17. Jahrhundert verfaßten die großen englischen Kräuterkundigen Gerard, Parkinson und Culpeper ihre Werke und lösten dadurch ein beachtliches allgemeines Interesse an allen Kräutern aus.

Lavendelverkäuferinnen wurden Teil des Straßenbildes, und sie forderten einen hohen Preis für ihre Ware, vor allem während der großen Pestepidemie von 1665, als man glaubte, daß Lavendel vor der schrecklichen Krankheit schützen würde.

Seine Glanzzeit erlebte der Lavendel jedoch während der langen Herrschaft von Königin Victoria. Sie war eine so große Freundin dieses vielseitigen aromatischen Krautes, daß sie eine gewisse Sarah Sprules zur Königlichen Hoflieferantin für Lavendelessenz ernannte und ihre Lavendelfelder in Wallington gern höchstpersönlich besuchte.

Die Gemächer der Königin waren vom Duft des Lavendels erfüllt. Man reinigte mit ihm Böden und Möbel und steckte Lavendelkissen zwischen die Bettwäsche. Victorias Liebe zu

RECHTS: Dieses einfache Parterre aus geschnittenem Buchs und Lavendel bildet den Mittelpunkt eines Rasens.

Lavendel machte ihn bei englischen Damen im ganzen Land populär. Und diejenigen, die sich die kostspielige Essenz nicht leisten konnten, kauften doch zumindest jedes Jahr frischen Lavendel von den Verkäuferinnen auf der Straße, angeregt durch immer neue Verse der Ausruferinnen:

Kommt und kaufet Lavendel, ihr Mädchen hold,
er ist nicht teuer, er kostet kein Gold.
Jegliche Arbeit bringt ihren Lohn, fürwahr,
den meinen bekomm' ich nur einmal im Jahr.

Nehmt ein Sträußchen und riechet hinein,
keiner Rose Duft könnt' besser sein.
Streut ihn in feine Gewänder
und köstlich duften Rüschen und Bänder.

In London wurde der Lavendel hauptsächlich von Zigeunerinnen feilgeboten, die ihn von den Feldern in Mitcham dorthin brachten. Sie verkauften ihn frisch, doch trockneten sie ihn auch und fertigten mit ihm Geschenke an, wie Duftkissen aus Musselin für Schränke und kleinere Kissen, die junge Frauen in ihrem Dekolleté trugen, in der Hoffnung, dadurch einen Freier anzulocken.

Zudem diente Lavendel dazu, Insekten fernzuhalten, Kopfläuse zu bekämpfen, Duftpotpourris zu parfümieren und Möbelpolitur oder Seife herzustellen. Und er war auch als bewährtes Allheilmittel im häuslichen Arzneischrank vertreten.

Anscheinend wurden Damen viktorianischer Zeit des Lavendelduftes niemals überdrüssig. Doch traurigerweise war es gerade diese besondere Vorliebe, die zum Niedergang seiner Popularität im beginnenden 20. Jahrhundert beitrug. Damals begann man, ihn als Duft alter Damen zu betrachten.

Als aber in der zweiten Hälfte dieses Jahrhunderts das Interesse an natürlichen Produkten, an aromatischen Essenzen, Duftölen und Heilkräutern zurückkehrte, erlebte auch der Lavendel eine Renaissance.

EINE WELT DES LAVENDELS

ER IST DAS BLAUGEKLEIDETE WUNDER DES SÜDENS, UND SEIN DUFT IST GOTTES GESCHENK AN DIE ERDE.

MAURICE MESSÉGUÉ, 1972

Lavendel ist in Persien und auf den Kanarischen Inseln heimisch, und einige seiner Arten gediehen ursprünglich im ganzen Mittelmeerraum, in Indien, Nigeria, dem Sudan, dem Jemen, Saudi-Arabien, dem Oman und Äthiopien, was bedeutet, daß er Hitze und Staub gut verträgt.

UNTEN: Ein großartiger Lavendelbusch in einem Garten in der Toskana.

Er trägt schmale, behaarte Blätter und enthält reichlich Öl, was ihn vor Austrocknung schützt. Es ist erstaunlich, daß in viktorianischer Zeit das englische Zentrum der Lavendelölproduktion in Mitcham lag, heute ein Londoner Vorort mit endlosen Häuserzeilen. Die sonnigen, gut drainierten Hänge dort waren damals mit amethystfarbenen Teppichen überzogen, die einen schweren Duft verbreiteten. Noch heute gilt dieser Duft als typisch englisch.

Der Lavendel wuchs nicht nur in Englands relativ feuchtem und kühlem Klima, sondern gedieh sogar prächtig. Lange Sommertage und härtere Bedingungen führten dazu, daß die Pflanze hier große Mengen Öl produzierte. Im Jahre 1881 lieferte englischer Lavendel das feinste Öl und brachte bis zu 200 Schilling pro Pfund, während französische und holländische Öle ganze 18 Schillinge kosteten. Englische Lavendelprodukte wurden überall auf der Welt bekannt, hauptsächlich durch traditionsreiche Firmen wie Yardley's und Potter and Moore, die Lavendelwasser und Lavendelseifen anboten.

Offenbar war es für die englischen Lavendelsorten nie ein Problem, daß sie auf die endlosen heißen, sonnigen Tage der Heimat des Lavendels verzichten mußten. Schon im 17. Jahrhundert stellte John Parkinson in seinen Pflanzenbüchern fest, daß französischer Lavendel zwar lieblich dufte, aber nicht mit englischem zu vergleichen sei, und Missis Leyel, Gründerin der *Society of Herbalists,* schrieb 1931, daß sie häufig Felder mit französischem Lavendel während der Blüte gesehen habe. Verglichen mit englischem Lavendel, der unter den schlimmsten Bedingungen wachse, sei ihr Duft jedoch schwach gewesen.

Dennoch führte ein Zusammenwirken von Krankheiten und ständig steigenden Bodenpreisen dazu, daß die vorstädtischen Häuserreihen von Mitcham, Wallington und Carshalton die Lavendelfelder nach und nach verdrängten. Und die englische Lavendelindustrie wäre seit langem tot, hätte sie nicht ein Gärtner aus Norfolk namens Linn Chilvers gerettet. 1932 entschloß er sich zu dem Versuch, Lavendel kommerziell anzubauen. Als er starb, stiegen sein Sachverwalter Adrian Head und seine Frau Anne aktiv in das Geschäft ein. Seine Frau gehört bis heute der Unternehmensleitung an, ihr Sohn Henry arbeitet als Hauptgeschäftsführer und setzt die Tradition fort, indem er vierzig Hektar wogender Felder mit Lavendel für die Destillation reinen englischen Lavendelöls bewirtschaftet.

Heute wird der meiste Lavendel an den sonnigen Hängen der Provence um Grasse angebaut, dem Zentrum der Parfümindustrie. Der ursprünglich von den Römern hier eingeführte Lavendel fand Gefallen an den Südausläufern der Alpen mit ihrem durchlässigen Boden und siedelte sich in dieser Region wild an. Um die Jahrhundertwende sammelten ihn Hirten und verkauften ihn an Parfümhersteller in Grasse, doch noch immer wurde er nicht angebaut. Aber die

LINKS UND OBEN: Eine Lavendelfarm in Norfolk in all ihrer sommerlichen Pracht, umgeben von einem Blütenmeer.

Parfümhersteller und die französische Regierung erkannten, daß der Lavendel möglicherweise die Abwanderung der lokalen Bevölkerung in die Städte stoppen könnte. Und vor diesem Hintergrund rodete man kurz vor dem Ersten Weltkrieg die Mandelbäume und pflanzte an ihrer Stelle Lavendel. Damit hatte die Provence ihren Ruf als der führende Lavendelproduzent der Welt begründet.

Heute wird auch in vielen anderen Ländern der Welt Lavendel angebaut, darunter Spanien, die Niederlande, Belgien, Deutschland, Bulgarien, Rußland, Australien, Japan, Kanada und die Vereinigten Staaten.

In Nordamerika waren es die Shaker, die als erste Lavendel kommerziell kultivierten. Diese strengreligiöse Splittergruppe der englischen Quäker hatte sich nach ihrer Ankunft in Neuengland das Ziel der Autonomie gesetzt und baute musterhafte Kräuterfarmen auf. Diese Kräuter und die Arzneien, welche die Shaker in eigenen Apotheken aus ihnen herstellten, wurden in wunderbar schlichten Verpackungen, auf denen gewöhnlich alle Inhaltsstoffe aufgeführt waren – zur damaligen Zeit eine Seltenheit – an die »Außenwelt« verkauft.

Lavendel war ein beliebtes Kraut für den Hausgebrauch sowie für Geschenke und auch für Arzneien. Durch geschickte New Yorker Werbung unterstützt und wegen ihrer guten Qualität geschätzt, fanden die Erzeugnisse der Shaker im letzten Jahrhundert bald ihren Weg zurück nach England.

Und noch heute werden einige Lavendelartikel, die nach alter Tradition in den verbliebenen Shaker-Gemeinden angefertigt werden, in die ganze Welt verkauft.

L.N.V.R.

KAPITEL ZWEI

LAVENDEL ALS ZIER- UND NUTZPFLANZE

Französischer Lavendel, ein Kraut von herrlichem Duft
und im Languedoc und der Provence weitverbreitet,
verlangt nach aufmerksamer Pflege
auf einem fetten Boden an einem sonnigen Platz.

The Countrie Farm, Richard Surfleet, 1600

Oben: In alter Zeit war Lavendel unter dem Namen Speik bekannt.

Links: Zumeist wird Lavendel maschinell geschnitten, doch gelegentlich erntet man ihn noch von Hand und bringt ihn in Holzkisten zum Destillieren.

OBEN: Während in Frankreich ein großer Teil des Lavendels an den Ausläufern der Alpen wächst, wird englischer Lavendel heute auf den flacheren Feldern Norfolks angebaut.

Kaum jemand kann sich dem Zauber eines Lavendelfeldes entziehen, das in voller Blüte steht. Die Buschreihen, die wie ein riesiger amethystfarbener Quilt das Land bedecken, bieten einen unvergeßlichen Anblick, der durch den berauschenden Duft und das unablässige Summen der Bienen noch eindrucksvoller wird.

Nicht immer ist Lavendel auf diese Weise angebaut worden. Lange Zeit wurde er, vor allem im Süden Frankreichs, gar nicht kultiviert, sondern an den Berghängen von Hirten und Landbewohnern gesammelt, die ihn an die Parfümhersteller in Grasse lieferten. Als die Franzosen dann mit dem kommerziellen Anbau begannen, folgten sie dem englischen Vorbild und pflanzten die Büsche einzeln mit

UNTEN: Reihen aus verschiedenen Lavendelsorten lassen einen reichstrukturierten Teppich entstehen.

reichlich Abstand. Erst Mitte der fünfziger Jahre wurden sie in Erwartung von Erntemaschinen, in den ordentlichen Reihen gepflanzt, die wir heute mit Lavendelfeldern verbinden. Neun Jahre später begannen die Maschinen die harte Erntearbeit zu erleichtern.

In Großbritannien dagegen wurde Lavendel, wenngleich in erheblich kleinerem Maßstab, schon seit Jahrhunderten angebaut, zunächst in ordentlichen Heilkräutergärten von Mönchen, die ihn für verschiedene Mittel und Arzneien verwendeten. Gewöhnlich hatte jede Kräutersorte ein eigenes Beet, um das Erkennen zu erleichtern, und dies gab vermutlich die Anregung für die Anlage von »gemusterten Gärten«, sogenannten *knot gardens*, und Parterres, die während der Zeit von Elizabeth I. populär wurden.

Obwohl Lavendel in dem heißen, trockenen Klima des Mittelmeerraumes und Nahen Ostens heimisch war, ließ er sich in Großbritannien problemlos kultivieren und wurde zu einem wichtigen Element des traditionellen englischen Cottage-Gartens. In vielen Gegenden sind heute neben einzelnen Büschen auch herrliche Hecken aus indigoblauem Lavendel zu einem vertrauten Anblick geworden.

Ein Grund, weshalb Lavendel in so vielen unterschiedlichen Klimaten gedeiht, liegt in seinem Hang, Hybriden zu bilden; denn dadurch entsteht gewöhnlich wenigstens eine Sorte, die sich den lokalen Bedingungen anpassen kann. Dies hat immer wieder zu Streit unter den Lavendelkennern geführt, und selbst Gärtner irren sich bisweilen in der Sorte! Um die Verwirrung noch zu vergrößern, trägt Lavendel mitunter Landesnamen. So gibt es Englischen, Französischen, Holländischen und Spanischen Lavendel, aber bei keinem handelt es sich tatsächlich um eine Sorte, sondern lediglich um die Varietät, die in dem betreffenden Land am häufigsten gezogen wird.

In Großbritannien werden zwei Haupttypen gezogen, die unter den gegebenen Bedingungen frosthart sind. Von beiden gibt es

OBEN: Der Duft blühender Lavendelfelder ist ebenso betörend wie ihre satte Farbe.

zahllose Hybriden. Der verbreitetste Gartentyp ist *Lavandula angustifolia* ssp. *angustifolia*, der früher auch unter *L. vera* oder *L. officinalis* geführt wurde – eine stämmige, süßduftende Pflanze, die an jedem Stengel nur einen Blütenstand trägt. Der zweite Haupttyp ist *Lavandula intermedia*, eine Kreuzung zwischen *L. angustifolia* und *L. latifolia* (eine hochbeinige, grasartige Pflanze, die im Mittelmeerraum wild gedeiht). *L. intermedia* besitzt die Frosthärte von *L. angustifolia* sowie den kampferartigen Duft und die Seitentriebe von *L. latifolia*. Eine weitere beliebte, jedoch meist nicht winterharte Art ist *L. stoechas* (Schopflavendel). Ihre Sorten tragen über den Blüten auffallende, farbige Hochblätter. Da diese Art auf den Îles d'Hyères vor der französischen Riviera üppig gedeiht, wird sie auch Französischer Lavendel genannt. Mit ziemlicher Gewißheit handelt es sich dabei um jene Art, welche schon die Römer kannten.

ÜBERSICHT ÜBER DIE LAVENDELTYPEN

LAVENDER BLUE DILLY, DILLY, LAVENDER GREEN,
WHEN I AM KING, DILLY DILLY, YOU'LL BE MY QUEEN.
ENGLISCHES WIEGENLIED

Die meisten Menschen glauben, die Farbpalette beim Lavendel reiche von einem blassen Fliederton bis zu tiefem Indigoblau. Wer sich jedoch wirklich für ihn zu interessieren beginnt, stellt bald fest, daß es auch grüne, rosafarbene und sogar weiße Sorten gibt. Die Blütenstände können lang und locker oder kurz und dicht sein, die Blätter lang und schmal oder kräftiger und farnartig.
Man unterscheidet mehrere Typen: *Lavandula latifolia* ist ein grasartiger Lavendel, der im Mittelmeerraum wild vorkommt. *L. angustifolia* ist niedriger und buschiger und trägt dichtere Blüten. Bei *L.intermedia* handelt es sich um eine Kreuzung zwischen diesen beiden Arten. Eine weitere Art ist *L. stoechas*, der Schopflavendel, bei dem schmetterlingsartige Hochblätter über den Blüten sitzen; er wird mitunter auch als Französischer Lavendel bezeichnet. Manche seiner Sorten haben dekoratives, farnartiges Laub. Eine vierte Art – *L. ptero stoechas* – ist nicht frosthart.

OBEN: Lavandula latifolia

Latifolia-Typen

L. latifolia sieht man in Mittel- und Nordeuropa selten, da er dort leicht unter Krankheiten leidet, in Mittelmeergärten gedeiht er hingegen gut. Sein intensiver kampferartiger Duft dient der spanischen Lavendelölindustrie als Grundlage für ihre Erzeugnisse und wird weithin für Möbelwachs, Raumsprays und Polituren benutzt.
L. latifolia x *lanata* 'Sawyer's': Trägt große, sich verjüngende Blütenstände, die diese Sorte zu einer besonders attraktiven Gartenpflanze machen.

Angustifolia-Typen

L. angustifolia 'Imperial Gem': Sieht ähnlich wie 'Hidcote' aus und ist häufig in englischen Cottage-Gärten anzutreffen, da die Sorte üppige indigoblaue Blüten besitzt.
L. angustifolia 'Nana Alba': Ein entzückender Lavendel mit weißen Blüten und kompaktem Wuchs, der nur 30 Zentimeter hoch wird.
L. angustifolia 'Miss Katharine': Wunderhübsche neue Lavendelsorte mit rosa Blüten.

Intermedia-Typen

L. x *intermedia* 'Grappenhall': Ein traditioneller englischer Gartenlavendel mit purpurblauen Blüten, die sich sowohl an Haupt- als auch Seitentrieben entwickeln.
L. x *intermedia* 'Grosso': Wundervolle Hybride mit reizvollen, großen, dicken Blüten, die nach Pierre Grosso benannt wurde.

UNTEN: Lavandula latifolia x *lanata* 'Sawyer's'

UNTEN: Lavandula angustifolia 'Imperial Gem'

UNTEN: Lavandula angustifolia 'Nana Alba'

OBEN: *Lavandula angustifolia* 'Miss Katherine'

OBEN: *Lavandula* x *intermedia* 'Hidcote Giant'

OBEN: *Lavandula stoechas viridis*

OBEN: *Lavandula* x *intermedia* 'Grappenhall'

OBEN: *Lavandula stoechas*

OBEN: *Lavandula pinnata*

OBEN: *Lavandula* x *intermedia* 'Grosso'

OBEN: *Lavandula stoechas penunculata*

OBEN: *Lavandula canariensis*

L. x *intermedia* 'Hidcote Giant': Dieser stark duftende, große Strauch trägt zahlreiche kleine, kompakte Blüten, die sich ausgezeichnet für die verschiedensten Arten von Trockenarrangements eignen.

Stoechas-Typen

L. stoechas: Entzückender kompakter Lavendel, der über den Blüten die für diesen Lavendeltyp charakteristischen petalenartigen Hochblätter trägt. Er wird auch als Französischer Lavendel bezeichnet.

L. stoechas pedunculata: Eine etwas höhere Sorte, die auch größere, sehr dekorative Hochblätter besitzt.

L. stoechas viridis: Die kleinen Hochblätter dieses wunderhübschen grünen Lavendels verraten sofort seine Herkunft.

Ptero-Stoechas-Typen

L. pinnata: Zart wirkende, bedingt winterharte, sich verzweigende Pflanze mit kleinen Blüten, die in Dreiergruppen am Haupttrieb sitzen. Zudem hat sie typische farnartige Blätter.

L. canariensis: Ähnelt *L. pinnata*, doch stehen die Blüten einzeln. Entwickelt ebenfalls Seitentriebe.

BODEN UND KLIMA

UNTER ALL DEN GUTEN PFLANZEN FÜR WARME, SANDIGE BÖDEN SIND DER STETS GEPRIESENE LAVENDEL UND ROSMARIN DIE BESTEN.

GERTRUDE JEKYLL, 1900

Lavendel ist eine ungemein vielseitige und robuste Pflanze. Da er in Hitze und Staub der sonnenverwöhnten Länder rund um das Mittelmeer und sogar in den Wüstenregionen Saudi-Arabiens, des Jemen und Äthiopiens heimisch ist, erstaunt es wirklich, daß er auch in dem feuchten nördlichen Klima der Britischen Inseln und selbst noch im kalten Norwegen ganz zufrieden gedeiht. Allerdings sind nicht alle Sorten sind gleichermaßen winterhart. Einige Sorten von *Lavendula stoechas* vertragen keine Frost und *L. ptero* stoechas sowie *L. latifolia* gedeihen am besten im Mittelmeerraum.

OBEN: Zwanglos gepflanzter lilafarbener, indigoblauer und weißer Lavendel, der ungehindert wachsen kann, läßt einen natürlichen Eindruck entstehen, fast, als würde er wild wachsen.

LINKS: Weißer Lavendel sieht zusammen mit der indigoblauen Sorte 'Hidcote' großartig aus.

Ob nun Lavendel in der Hitze der Wüste oder der feuchten Frische der Britischen Inseln wächst, stets braucht er leichten Boden –

OBEN: Ob heiß und trocken oder feucht und kalt – Lavendel gedeiht in verblüffend unterschiedlichen Klimalagen und braucht im allgemeinen nur wenig Aufmerksamkeit.

vorzugsweise Sand oder Kies – und einen trockenen, offenen, sonnigen Platz mit guter Drainage, damit im Winter keine Staunässe um die Wurzeln entsteht. Allgemein mag Lavendel keinen sauren Boden und bevorzugt kalkhaltigen Grund. Wo die Erde sauer ist, arbeitet man reichlich Gartenkalk ein und kalkt jährlich neu. Wer in einer Gegend mit sehr schwerem Tonboden lebt, hebt ein tiefes Loch aus, gibt zur Verbesserung der Drainage eine Schicht groben Kies hinein und mischt beim Pflanzen Sand unter die Erde. Etwas Mist, der beim Pflanzen zugegeben wird, unterstützt das Anwachsen der Büsche, zu viel fördert jedoch das Blattwachstum auf Kosten der Blüte und beeinträchtigt auch den Duft. Der anspruchslose Lavendel benötigt kaum Dünger.

Anzucht und Vermehrung

SPEIK HAT ZAHLREICHE STEIFE ZWEIGE VON HOLZIGER BESCHAFFENHEIT...
DIE BLÜTEN WACHSEN AM ENDE DER ZWEIGE IN FORM EINER ÄHRE UND SIND VON BLAUER FARBE.
The Herball, John Gerard, 1597

Es ist nicht schwierig, Lavendel zu vermehren, doch da er so leicht bastardiert, besitzt er einige erstaunliche Eigenschaften. Manche Bastarde oder Hybriden entwickeln niemals Samen und müssen daher durch Stecklinge vermehrt werden.

Stecklinge nehmen

Im Frühjahr oder Herbst wählt man etwa 5 cm lange Triebe und reißt sie mit einem Ruck nach unten ab, so daß eine »Achsel« bleibt. Man taucht die Enden in Bewurzelungshormon und setzt die Stecklinge in leichte, sandige Erde. Sie müssen feucht gehalten und vor Frost geschützt werden. Im Frühjahr genommene Stecklinge bewurzeln sich am schnellsten – innerhalb von etwa sechs Wochen.

Links: Durch Stecklinge läßt sich Lavendel einfach und effizient vermehren, und vermutlich ist dies auch die zuverlässigste Methode der Vermehrung. Der linke Steckling ist ein Steckholz, der rechte ein krautiger Steckling.

Anzucht aus Samen

Selbst wenn man eine Pflanze besitzt, die Samen ausbildet, kann die Aufzucht aus Samen Probleme machen und möglicherweise sind die Nachkommen etwas unzuverlässig. Da Lavendel so leicht bastardiert, kann eine einzige Pflanze Büsche von recht unterschiedlicher Größe und verschiedenartigen Blüten hervorbringen. Überdies keimen die Samen unregelmäßig. Man muß sie daher im April reichlich aussäen und die Sämlinge in Einzeltöpfe pikieren, sobald sie eine ausreichende Größe erreicht haben.

Pflanzen kaufen

Am unkompliziertesten ist der Kauf von Jungpflanzen, die in Gartencentern und Gärtnereien angeboten werden. Sie sollten aber wissen, was Sie kaufen. Wählen Sie daher entweder bekannte Sorten oder blühende Pflanzen.

Oben: Um Samen zu gewinnen, kann man um die reifenden Fruchtstände ein Tütchen binden, das die herunterfallenden Samen auffängt. Es sind jedoch auch Samen im Handel erhältlich.

Auspflanzen

Jungpflanzen können ins Freiland gesetzt werden, sobald keine Frostgefahr mehr besteht. Üblicherweise beträgt der Pflanzabstand etwa 60 cm, wer jedoch eine Hecke anlegen möchte, sollte die Pflanzen enger zusammensetzen (30–45 cm).

Einige Fachleute meinen, daß man Lavendel im ersten Jahr nicht zur Blüte kommen lassen sollte, um einen kräftigen, buschigen Wuchs anzuregen. Vom zweiten Jahr an blüht er dann üppig, und im fünften Jahr hat er seine volle

Größe erreicht. Um zu verhindern, daß ein Lavendelbusch hochbeinig wird, schneidet man Ende August die Blütentriebe direkt am Ansatz heraus. Im März sollte Lavendel kräftig zurückgeschnitten werden, um ein gutes Wachstum während des Sommers zu fördern.

OBEN: Jungpflanzen unterschiedlicher Größe bekommt man in Gärtnereien und Gartencentern.

LINKS: Wenn keine Frostgefahr mehr besteht, kann Lavendel ausgepflanzt werden.

LAVENDELGÄRTEN

EIN BAUM WIE FÜRS PARADIES GESCHAFFEN, DER SICH MIT ANDEREN MESSEN KANN,
RUNDUM BESETZT MIT DUFTENDEN BLÜTEN.
HAWES, 1554

Ein besonders schöner Garten spricht alle fünf Sinne an, und für viele Menschen ist der Duft beinahe ebenso wichtig und einprägsam wie der optische Eindruck eines Gartens Tatsächlich leitet sich das Wort Paradies von *pairi-daeza* ab, wie die eingefriedeten Duftgärten Persiens vor 2000 Jahren hießen. Und da einige Lavendelarten aus Persien stammen, spielte Lavendel in jenen alten *pairi-daezas* zweifellos eine wichtige Rolle.

Heute erlebt Lavendel eine Renaissance in Hausgärten – in vielen findet sich wenigstens ein Lavendelbusch in den Rabatten, doch bietet dieser herrlich duftende Strauch noch ganz andere Möglichkeiten.

Wenn der Garten groß genug ist, kann man Lavendel in Gruppen pflanzen und mit ihm Gartenbereiche begrünen, die sonst vielleicht unansehnlich wären. Im Sommer bilden seine indigoblauen Töne eine farbige Decke, im

RECHTS: Lavendelbüsche, wie hier großzügig gepflanzt, verströmen einen berauschenden Duft und lassen an Sommertagen im Garten ein stimmungsvolles, unvergeßliches Ambiente entstehen.

UNTEN: Lavendel und Rosen ergänzen sich perfekt und bilden hinreißende Kombinationen von Düften und Farben. Niedriger Lavendel ist auch geeignet, um als dekorativer Bodendecker vor einen hochbeinigen Strauch gesetzt zu werden.

LINKS: Reihen aus indigoblauen Lavendelbüschen bilden in diesem bezaubernden französischen Kräutergarten eine großartige Einfassung.

RECHTS: Wenn sich Besucher der Haustür dieses englischen Landhauses nähern, werden sie vom süßen Duft der hohen, üppigen Lavendelbüsche betört, die den Weg durch den Vorgarten säumen.

UNTEN: Die charakteristischen schmetterlingsartigen Brakteen des Schopflavendels (Lavandula stoechas) *wirken in einer Rabatte sehr reizvoll. Da dieser Lavendel in unserem Klima nicht winterhart ist, sollte man ihn in einen dekorativen Topf pflanzen, so daß man ihn unter Glas oder im Haus überwintern lassen kann.*

Winter das zarte Graugrün seiner Blätter. Im Sommer lockt zudem sein intensiver Duft nicht nur summende Bienen und Schmetterlinge an, sondern vertreibt auch unwillkommene Gäste, wie manche Schneckenarten, Fliegen und Tausendfüßer.

Eine weitere hübsche Idee für die Verwendung von Lavendel kann man aus Gärten alter Zeit entlehnen, in denen Lavendel für eine formale Gestaltung eingesetzt wurde. Zur Tudorzeit legte man in England sogenannte *knot gardens* an, wo man mit geschnittenen niedrigen Hecken kunstvolle Flächenmuster schuf, auf denen Kräuter gepflanzt oder farbiger Kies verteilt wurde. Im 17. Jahrhundert entstanden daraus geometrische Arrangements, die Parterres genannt wurden. Heute könnte ein winziger *knot garden* oder selbst ein Parterre, vielleicht mit verschiedenen Lavendelsorten bepflanzt, zu einem eindrucksvollen Element innerhalb des Gesamtgartens werden.

Lavendel eignet sich für eine gemischte Miniaturhecke, bildet aber alleine auch eine herrliche indigofarbene Hecke. Diese kann als Einfassung für Wege oder große Blumenbeete dienen oder sich über eine niedrige Mauer legen, und so eine besonders ansprechende Begrenzung des Vorgartens bilden, die in einem Stadtgarten ebenso hübsch aussieht wie in jedem ländlichen Garten.

ERNTEN UND DESTILLIEREN

... UND WAS DIE ZEIT DES BLÜTENSAMMELNS BETRIFFT, SO SOLLTE ES BEI SONNENSCHEIN GESCHEHEN, DAMIT SIE TROCKEN SIND, DENN SAMMELT MAN SIE NASS ODER TAUBENETZT, WERDEN SIE NICHT HALTEN.

NICHOLAS CULPEPER, 1649

Ob die Arbeit eines Jahres auf den Feldern von Erfolg gekrönt ist, hängt davon ab, daß am richtigen Tag geerntet wird. Wie sorgfältig die Büsche auch gepflanzt, geschnitten und gepflegt werden mögen, während sie blühen und ihr kostbares Öl ausbilden – es kann doch alles umsonst gewesen sein, wenn die Bedingungen bei der Ernte nicht stimmen.

UNTEN: Die Sichel ist das traditionelle Erntewerkzeug für Lavendel. Heute wird sie im gewerblichen Lavendelanbau nur noch für kleinere Arbeiten verwendet sowie zum Schnitt von Lavendel, der in Sträußen verkauft wird. Die Haupternte für die Destillation erfolgt mit Maschinen.

Der Zeitpunkt für die Lavendelernte darf nicht allein aufgrund des Entwicklungsstandes der Blüten gewählt werden. Der Schnitt muß bei schönem Wetter erfolgen, denn wenn es feucht oder regnerisch ist, werden die Ergebnisse enttäuschen.

Den geeigneten Zeitpunkt für die Ernte festzulegen, ist für einen Lavendelzüchter die kritischste Entscheidung im Jahr. Die Blüten müssen voll ausgebildet sein, um möglichst viel Öl zu enthalten, doch dürfen sie noch nicht beginnen, abzufallen.

Eine Trockenperiode Ende Juli oder Anfang August ist gewöhnlich die beste Zeit. Selbst unter optimalen Bedingungen muß der Lavendel rasch geerntet und sofort zum Destillieren gebracht werden, bevor sich das Öl verflüchtigen kann.

Im Garten wachsenden Lavendel erntet man am besten am frühen Morgen oder Abend eines schönen Tages, da er während der Mittagshitze einen Teil seines kostbaren Duftes verliert. Man schneidet die Lavendelstengel mit einer scharfen Gartenschere ab und bringt sie ins Haus an einen schattigen Platz.

Der meiste kommerziell angebaute Lavendel wird destilliert. Bei der Destillation wird

OBEN: Der geerntete Lavendel wird gebündelt und auf die abgeschnittenen Büsche gelegt.

Dampf durch ihn hindurchgeleitet, wodurch das Öl verdunstet. Anschließend kühlt man es wieder ab und erhält so eine klare goldene Flüssigkeit.

Bei diesem Prozeß werden aus 250 Kilo Lavendel ganze 500 Milliliter Öl gewonnen, das ein Jahr lagern muß, um sein volles Aroma zu entfalten.

OBEN: Zur Destillation vorgesehener Lavendel muß nicht zu ordentlichen Sträußen gebunden werden. Er wird auf der Erntemaschine locker in Säcke gefüllt und anschließend direkt zur Verarbeitung gebracht. Dann schüttet man ihn einfach auf den Boden und schaufelt ihn in die Destillieranlage.

LINKS: Bei der Firma Norfolk Lavender benutzt man zum Transport des Lavendels immer noch die alten Holzkisten von einst.

OBEN: In den alten kupfernen Destillierapparaten bei Norfolk Lavender, die noch heute in Betrieb sind, wird bereits seit 1874 Öl destilliert, das Parfümeure aufgrund seines Duftes von Öl unterscheiden können, welches in moderneren Edelstahlanlagen destilliert wurde.

Bündeln und Trocknen

In der Hitze des Sommers in Häusern aufgehängt, temperiert er die Luft wunderbar und macht den Raum kühl und frisch, zum Entzücken und Behagen derjenigen, die sich darin aufhalten.

The Herball, John Gerard, 1597

Nichts fängt die Stimmung des Sommers so gut ein wie getrockneter Lavendel, der noch mindestens acht Monate seinen Duft verströmt und, nachdem er zunächst etwas verblaßt, einen zarten Indigoton bewahrt. Lavendel kann auf zwei Weisen getrocknet werden: Für Blumenarrangements bindet man die ganzen Blütenstengel zu Sträußen, zum Füllen von Kissen, Stoffbeuteln oder Wandbehängen trocknet man die Einzelblütchen.

Unten: Zum Trocknen vorgesehener Lavendel muß nach dem Schnitt zu Sträußen gebunden werden.

Bei der kommerziellen Trocknung werden die Sträuße an spezielle Roste gebunden, die man an der Wand der Trockenscheune emporzieht. Losen Lavendel läßt man in seinen Säcken und leitet zwei bis drei Tage lang Warmluft hindurch. Dann trennt man die Blüten von den Stengeln und siebt sie mehrmals mit einem Spezialsieb, bis nur noch die Blüten übrig sind.

Zu Hause sollte man Blütenstände für Trockenblumenarrangements schneiden, bevor sich die Blütchen öffnen, für Duftpotpourris hingegen etwas später, damit sich das Öl und damit der Duft entwickeln kann. Aus dem geschnittenen Lavendel macht man kleine Sträuße, die man mit Gummis zusammenbindet, da der Lavendel beim Trocknen schrumpft. Die Sträuße hängt man an einen trockenen Platz mit guter Luftzirkulation.

Da Lavendel so wunderbar duftet, und die Sträuße so hübsch aussehen, können sie als Zimmerschmuck verwendet werden. Man kann sie beispielsweise an einer Treppenspindel aufhängen, wo sie reichlich Luft bekommen und vor Berührung geschützt sind. Wer mag, bindet sie mit hübscher Schnur, Band oder bunten Stoffstreifen zusammen.

Oben: Große Lavendelsträuße werden kommerziell auf Rahmen getrocknet, die an den Wänden der Trockenscheune hängen. Zu Hause kann man sie an Schnüren an der Decke oder einer Wand mit guter Luftzirkulation aufhängen.

Das Trocknen losen Lavendels ist noch einfacher. Ihn breitet man in einem gutgelüfteten Zimmer auf Tabletts aus. Wenn der Lavendel vollkommen trocken ist, kann man die Blütchen leicht vom Stengel streifen, indem man sie behutsam zwischen den Fingern reibt.

OBEN: Zum Trocknen aufgehängte Lavendelsträuße sehen stets dekorativ aus, selbst wenn sie mit Gummis zusammengebunden sind. Die Sträuße sollten Abstand haben, um eine gute Luftzirkulation sicherzustellen, die den Trocknungsprozeß beschleunigt.

KAPITEL DREI

LAVENDEL IN WÄSCHE UND KLEIDUNG

LASSET UNS ZU JENEM HAUS GEHEN, DENN DIE WÄSCHE IST WEISS UND RIECHT NACH LAVENDEL, UND ICH SEHNE MICH DANACH, ZWISCHEN LAKEN ZU LIEGEN, DIE SO DUFTEN.
THE COMPLEAT ANGLER, IZAAK WALTON, 1653

OBEN: Lavendel wird gern zum Füllen hübscher Duftkissen verwendet.

LINKS: Der atemberaubende Anblick eines Lavendelfeldes in voller Blüte, kurz vor der Ernte.

Zu einem Waschtag gehörte in früheren Zeiten gewöhnlich auch Lavendel. Er verlieh der Wäsche und der gesamten Prozedur einen Hauch von Romantik. Tatsächlich leitet sich der Name Lavendel von dem lateinischen Wort *lavare* (waschen) ab, und im Laufe der Jahrhunderte verwendete man Lavendel sowohl zum Waschen von Kleidern und Wäsche als auch für die Körperreinigung. Der Grund dafür war natürlich sein herrlicher Duft. Getrocknet und in den Wäscheschrank gelegt hielt er zudem Motten und andere Insekten fern, die Textilien zerstörten.

Um die Jahrhundertwende pries Constance Isherwood den Lavendel in ihrer Broschüre über die Lavendelindustrie, weil er mit seinem angenehmen Duft gefräßige Motten aus Samtgewändern und zartem Pelz vertreiben würde, wie sie sagte.

Wenn man Lavendel zwischen seine Kleider legte, bedeutete das, daß man sie auf besondere Weise pflegte. Nach allen Berichten war diese Pflege allerdings eine teure Angelegenheit. Im Jahre 1592 berichtete ein Zeitgenosse Shakespeares namens Greene von einem Mann, der sich durch den Kauf von Lavendel fast ruiniert hatte.

Oft wurde Lavendel zwischen Kleider gelegt, um deren Träger mit einer persönlichen Duftnote zu umgeben. Bräute gaben getrockneten Lavendel in ihre Aussteuer, und William

OBEN: *Wie könnte man in warmen Gegenden Wäsche besser trocknen als sie auf Lavendel zu legen?*

Langham empfahl 1579 in seinem Werk *Garden of Health* (»Garten der Gesundheit«), man sollte Lavendel in Wasser kochen, dann sein Hemd darin naßmachen, es wieder trocknen und anziehen. In London forderten die Lavendelverkäuferinnen junge Damen auf:

Kommt und kauft meinen lieblichen Lavendel,
schöne Mädchen …
Legt ihn zwischen eure besten Kleider.
Und sie werden wohltuend duften.

In Italien und ebenso in Nordamerika in den Gemeinden der aus England ausgewanderten Shaker war es im letzten Jahrhundert Brauch, Kleider und Wäsche auf Lavendelbüschen in die heiße Sonne zu legen, damit sie den Duft annahmen.

Vor dem 17. Jahrhundert wurde in den wohlhabenden Häusern Lavendel in Kommoden und Wäscheschränke gelegt, um den ranzigen Geruch der Seife zu überdecken, die zu dieser Zeit noch nicht parfümiert war. Heute ist dies noch immer eine wundervolle Methode, Kleidern und Wäsche frischen Duft zu verleihen.

Früher flochten junge Mädchen und Frauen Lavendelstengel zu kleinen »Flaschen« oder nähten Kissen, die sie mit getrockneten Lavendelblüten füllten. Dies ist auch heute noch eine hübsche Beschäftigung, und da diese duftenden Kissen nicht groß sein müssen, lassen sie sich rasch anfertigen. Zudem sind nur kleine Stoffstücke notwendig, so daß man teures Material wie Seide, Samt, Satin und Spitze verwenden kann. Die Kissen können mit Applikationen und Stickerei verziert werden, herzförmig, rechteckig oder dreieckig sein,

fantasievoll oder »ländlich« schlicht, ganz nach Belieben. Die fertigen Kissen kann man zwischen Wäsche und Kleider legen oder mit Drahtschlaufen und Bändern versehen, um sie an Kleiderbügel oder die Innenseite von Schranktüren zu hängen – oder an die Außenseite, damit sie den ganzen Raum mit ihrem Duft erfüllen. Lavendelkissen und -beutel sind die lohnendsten Handarbeiten, da man wirklich nicht viel Lavendel benötigt. Man kann dafür einen Rest verwenden, der vielleicht beim Anfertigen eines Trockenblumenarrangements übrig geblieben ist oder Lavendel lose in Beuteln kaufen. Natürlich kann man auch Blüten im Garten sammeln und selbst trocknen, um den frischen Duft des eigenen Gartens ins Haus zu bringen und für den Rest des Jahres zu genießen.

OBEN: Lavendel wird schon lange verwendet, um Wäsche duften zu lassen. Hier hängen getrocknete Sträußchen im Kleiderschrank.

Im allgemeinen heißt es, daß getrocknete Lavendelblüten nur ungefähr acht Monate ihren Duft bewahren, doch läßt sich dieser Zeitraum verlängern, wenn man sie hin und wieder etwas drückt und schüttelt.

DUFTKISSEN

Solche hübschen rustikalen Duftkissen fertigten einst Shaker an – Mitglieder einer von den Quäkern abgezweigten und im 18. Jahrhundert nach Nordamerika ausgewanderten Sekte. Die Kissen bestehen aus Baumwollstoff und werden mit getrockneten Lavendelzweigen verziert. Das Herz war bei den Shakern ein beliebtes Motiv und ein Symbol für ihr Sprichwort: »Die Hände für die Arbeit und das Herz für Gott.« Man kann diese Kissen an Draht in einen Schrank hängen, damit sie Wäsche oder Kleidern Duft verleihen.

MATERIALIEN
Stift und Papier für die Schablone, Schere
1 Stück Stoff, mindestens 25 x 50 cm groß
Stecknadeln, Nähnadel und Garn
Getrockneter loser Lavendel
6 getrocknete Lavendelstengel
Draht und Bast oder Band

1 Die herzförmige Schablone auf Seite 124 übertragen oder eine eigene Schablone mit etwa 20 cm Höhe anfertigen und mit ihr zwei Stoffherzen zuschneiden. Die Herzen, rechts auf rechts, aufeinanderlegen und zusammennähen, dabei an einer der geraden Seiten 5 cm offenlassen. Einen etwa 5 mm breiten Saum stehen lassen und an den Rundungen in Abständen einschneiden.

2 Das Herz wenden, dann mit reichlich getrocknetem Lavendel füllen. Die Öffnung schließen. Die Enden eines 30 cm langen Drahtstückes hakenförmig umbiegen und oben an den Rundungen des Herzens in den Saum stecken. Den Draht noch ein wenig zusammenbiegen.

3 Jeweils drei Lavendelstengel mit Draht umwickeln, dann über Kreuz mit Draht zusammenfügen. Eine Schleife aus Bast oder Band darumbinden und vorn auf das Herz nähen.

LAVENDELHERZ MIT SPITZE

Bänder und Spitze verleihen diesem wunderschönen herzförmigen Lavendelkissen eine nostalgische, viktorianische Note und erinnern an eine vergangene Zeit, in der englischer Lavendel mit seinem schweren Duft weltweit begehrt war.

MATERIALIEN
Papier und Bleistift
zum Anfertigen einer Schablone
Schere
1 Stück Musselin, etwa 20 x 60 cm groß
Stecknadeln, Nähnadel und Garn
Sticktwist
Perlmuttknopf
Getrockneter loser Lavendel
50 cm altmodische Spitze
50 cm sehr schmales Satinband
50 cm Band für eine Schleife (vorzugsweise Chiffon)

1 Eine herzförmige Schablone von etwa 15 cm Höhe anfertigen und damit vier Musselinherzen zuschneiden. Jeweils zwei zusammenstecken, so daß der Stoff doppelt liegt. Ein kleineres Stoffherz zuschneiden und mit doppelfädigem Sticktwist vorn auf eines der größeren Herzen nähen.

2 Auf der Innenseite der ersten Reihe eine zweite Stichreihe sticken, dabei mit dem Faden den Perlmuttknopf annähen, dann innerhalb der zwei vorhandenen gestickten Herzen eine dritte Reihe Stiche machen. Die beiden großen, doppellagigen Stoffherzen rechts auf rechts zusammennähen, dabei an einer der geraden Seiten eine 5 cm große Öffnung lassen.

3 Den Rand begradigen und an den Rundungen einschneiden. Die untere Spitze abschneiden. Das Herz umdrehen, mit Lavendel füllen und die Öffnung schließen. Die Spitze rund um den Rand festnähen. Auf diese Naht das Satinband nähen. Das Chiffonband zu einer Schleife binden und auf das Herz nähen.

ROUGE

LAVENDELFLÄSCHCHEN

In viktorianischer Zeit pflegten sich junge englische Damen am Nachmittag die Zeit zu vertreiben, indem sie Lavendel und Bänder zu »Fläschchen« verflochten. Leider gibt es diese hübschen Duftspender für Kommoden und Kleiderschränke heute kaum noch. Obwohl ihre Herstellung nicht schwierig ist, erfordert sie ein wenig Zeit und Geduld, was bedeutet, daß sie im Handel nicht mehr zu haben sind. Sie können jedoch diese Tradition wiederbeleben. Verwenden Sie Bänder in gedämpften Farben, die mit dem Lavendel harmonieren. Für ein solches Fläschchen ist relativ viel Band erforderlich, da aber die genaue Menge von der Länge der Lavendelstengel und der Breite des Bandes abhängt, kaufen Sie zur Anfertigung mehrerer Fläschchen am besten etwa 2 Meter.

MATERIALIEN

9 (bzw. eine beliebige ungerade Zahl) frisch gepflückte Lavendelstengel
1 m schmales Satin- oder Seidenband

1 Die Lavendelstengel unterhalb der Blüten fest mit dem Satin- oder Seidenband zusammenbinden.

2 Die Stengel nacheinander ganz vorsichtig über die Blüten biegen, sie dürfen dabei jedoch nicht abbrechen.

3 Das Band – wie beim Weben – abwechselnd über und unter den Stengeln hindurchführen. Wenn die Blüten umhüllt sind, das Band bis zum Ende um die Stengel wickeln. Die Enden der Stengel unter dem Band verbergen, dann das Band wieder nach oben bis zu den Blütenköpfen führen. Mit einem Knoten und einer Schleife befestigen.

KNOPFKISSEN

Die einfachsten Ideen sind oft die wirkungsvollsten. Diese kleinen Lavendelkissen wurden mit Knopfreihen und passendem Samtband verziert und sind hübsche Duftspender für Kommodenschubladen.

MATERIALIEN
FÜR 1 KISSEN
Schere
2 Seidenreste, jeder mindestens 10 x 15 cm groß
50 cm Samtband, etwa 2 cm breit
6 runde Knöpfe mit 1 cm Durchmesser
2 herzförmige Knöpfe
Nadel und Garn
Getrockneter loser Lavendel

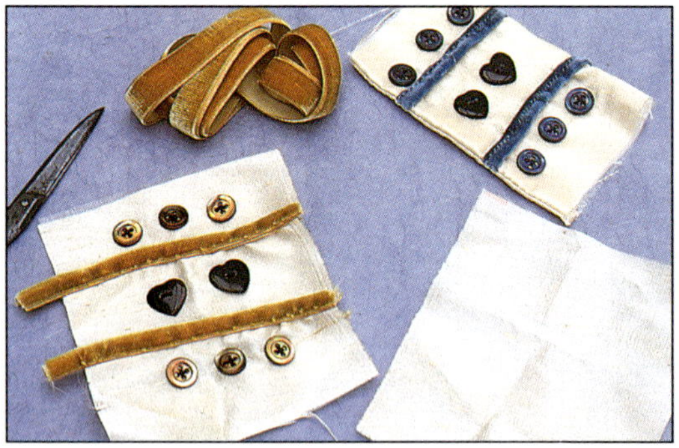

1 Zwei Stücke Seide von etwa 10 x 15 cm Größe sowie zwei Bandstücke, etwas länger als der Stoff breit ist, zuschneiden. Die Bandstücke der Länge nach in der Mitte zusammenfalten und auf eines der Stoffstücke nähen, so daß drei Felder entstehen. Auf diesen Feldern die Knöpfe festnähen.

2 Die beiden Stoffstücke, rechts auf rechts, an den Längsseiten zusammennähen. Die eine Schmalseite mit einem weiteren Stück Band schließen: Das Band über den Rand legen und durch alle Gewebelagen hindurch festnähen.

Das Kissen locker mit getrocknetem Lavendel füllen. Die offene Seite ebenfalls mit einem Stück Band, das um den Rand gelegt wird, schließen.

WÄSCHEBEUTEL

Der Rand dieses entzückenden Wäschebeutels wurde mit Lavendel gefüllt, der seinen Duft an den Inhalt abgibt. Unten ist der Beutel mit Fransen verziert – sie können, wie hier, von einer alten Tischdecke stammen.

MATERIALIEN
1 m Stoff, 80 cm breit
1 m Fransen
Stecknadeln, Nähnadel und Garn
10 cm x 1 m Organza
1 m Seiden- oder Taftband
2 m Ripsband
Eine große Sicherheitsnadel
Chenille-Strickgarn
2 große Perlen
Getrockneter loser Lavendel

1 Aus dem großen Stoff einen Kreis mit 24 cm Durchmesser, zwei Rechtecke von 40 x 50 cm Größe und sechs Rechtecke von 5 x 26 cm Größe zuschneiden. Die Fransen halbieren. Den Kreis in der Mitte umfalten und die Knickstelle am Rand beidseitig mit Stecknadeln markieren. Den Stoffkreis noch einmal im rechten Winkel zusammenfalten und den Knick wieder mit je einer Stecknadel am Rand markieren. Die beiden größeren Rechtecke längs zusammenfalten und den Knick auf einer Seite markieren. Dann, rechts auf rechts, die Stecknadel eines Rechteckes auf eine der Nadeln des Kreises legen. Mit dem anderen Rechteck auf der gegenüberliegenden Seite ebenso verfahren. Die Fransen zwischen Kreis und Rechtecke legen, die Kanten aufeinander. Die Fransen zeigen dabei nach innen. Die Lagen stecken und zusammennähen, die Seitennähte offenlassen.

2 Den Organzastreifen und das Seidenband halbieren. Einen Streifen Organza, links auf links, an einem Seitenteil an den oberen Rand der Tasche nähen und zur rechten Seite umklappen. Ein Stück Seidenband auf die Schnittkante legen und festnähen. Mit dem anderen Seitenteil ebenso verfahren. Nun die Ränder der beiden Seitenteile etwa bis zur Mitte einfassen: Eines der schmalen Stoffstücke rechts auf rechts, am oberen Ende beginnend, an einer der Seitenkanten festnähen, dabei auch durch den Organza nähen. Das Stück reicht etwa bis in halbe Höhe der Seitenteile. Um den Saum legen, einschlagen und festnähen. Eine Seite des zweiten Seitenteils auf die gleiche Weise mit einem umgeschlagenen Stoffstreifen einfassen. Den Organza von der offenen Seite mit Lavendel füllen. Dann die offenen Seiten wie oben mit zwei weiteren schmalen Stoffstreifen schließen. *(Nächste Seite.)*

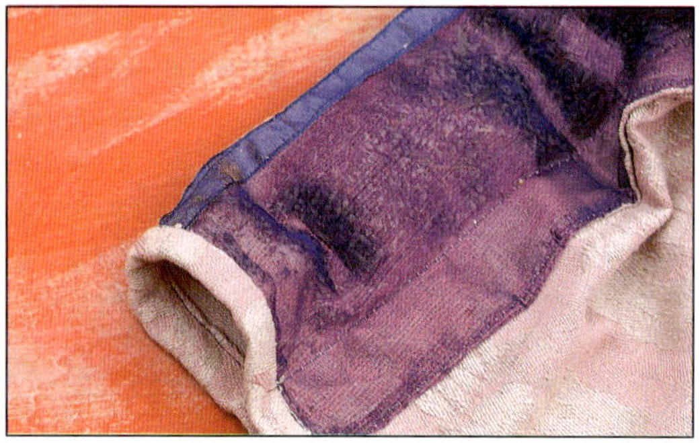

3 Die Organzaröhre auf die Innenseite des Beutels umlegen und dicht am unteren Rand durch alle Lagen hindurch festnähen. Um eine Führung für das Ripsband zu machen, vom unteren Rand entfernt etwa in Breite des Bandes eine weitere Naht nähen.

4 Die Seitennähte der Tasche schließen und mit zwei Stoffstreifen versäubern. Das Ripsband in der Mitte durchschneiden und ein Stück mit der Sicherheitsnadel durch die Führung ziehen. Das zweite Stück von der anderen Seite her durchziehen.

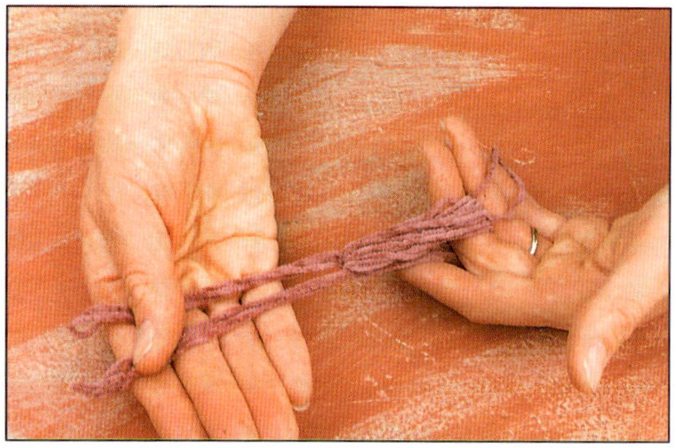

5 Zum Anfertigen einer Troddel, das Chenillegarn um vier Finger wickeln. Wenn die Troddel eine ausreichende Dicke hat, das Garn durchschneiden.

6 Einen doppelten Chenillefaden oben durch das Fadenbündel führen. Die Enden durch die Perle ziehen und fest verknoten. Die Troddel begradigen und zwischen die beiden Enden des Ripsbandes nähen. Auf der anderen Seite ebenso verfahren.

KLEINES LAVENDELHERZ

Ein kleines Herz aus Lavendel ist eine besonders hübsche Art, den Kleiderschrank mit Wohlgeruch zu erfüllen. Da es sehr filigran ist, hängt man es am besten innen – oder als Dekoration außen – an die Tür, damit es nicht zerdrückt wird.

MATERIALIEN
1 m mittelstarker Blumendraht
Bast, vorzugsweise blau
1 Strauß getrockneter Lavendel
Heißklebepistole
Schere

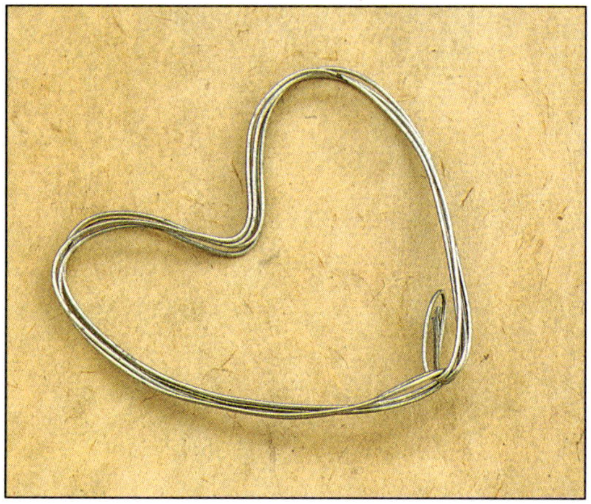

1 Doppelten Blumendraht in der Mitte zusammenbiegen. Ein Ende umbiegen und in das andere einhaken. Oben zu einem Herz eindrücken.

2 Das Herz fest mit Bast umwickeln: Unten beginnend rundum arbeiten. Die Enden des Basts verknoten.

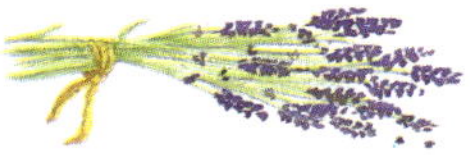

3 An der Einbuchtung oben beginnend drei Stengel Lavendel mit den Spitzen nach unten ebenfalls mit Bast an den Draht binden. Auf diese Weise weitere Dreiersträußchen ergänzen, so daß der Draht verborgen wird. Wenn die untere Spitze erreicht ist, wieder oben in der Mitte beginnen und die andere Seite bedecken. Für die untere Spitze ein größeres Sträußchen zusammenbinden und aufrecht festkleben. Die Stengel dicht unter den Köpfen abschneiden.

KAPITEL VIER

LAVENDEL ALS ZIMMER-SCHMUCK

SCHÖNE DAMEN ICH BRINGE EUCH
LAVENDEL MIT BLÜTEN SO BLAU.
EINE WOHLRIECHENDERE PFLANZE NIE
AUF ENGLISCHEM BODEN GEDIEH.

CARYL BATTERSBY IN
»A BUNCH OF SWEET LAVENDER«, 1900

OBEN: Sonnenblumen und Lavendel bilden einen wunderschönen Kontrast.

LINKS: Selbst nach dem Trocknen hat Lavendel noch seine herrliche violette Farbe. Er eignet sich hervorragend für floralen Zimmerschmuck.

LINKS: *Weißer Lavendel gehört zu den selteneren Freuden des Sommers. Ihn sollte man frisch verwenden, da er nicht so gut trocknet wie blaue Sorten.*

UNTEN: *Neben den vielgeliebten blauen Sorten gibt es auch zartrosa und weiße Lavendelformen.*

Die Farben des Lavendels, vom tiefsten Indigo über Amethystblau und alle Purpurschattierungen bis hin zu Hyazinthrot, wurden im Laufe der Geschichte von Botanikern und Dichtern immer wieder beschrieben. Purpur, das in vielen Kulturen Erhabenheit und Macht symbolisiert, verfügt über ein gewaltiges Spektrum an Tönen – von Rosa über Rot bis Blau – und läßt sich mit vielen anderen Farbtönen mischen und ergänzen. Purpurner Lavendel wirkt besonders schön in Kombination mit anderen natürlichen Materialien. Neben dem vertrauten Indigoblau gibt es die selteneren weißen, rosa und sogar grünen Sorten, die den blauen Lavendel ergänzen.

Schöner frischer Lavendel bedarf wenig Aufhebens. Man bindet ihn einfach mit schlichtem Band zu kleinen Sträußen zusammen oder fertigt aus ihm einen hübschen Kranz oder eine Girlande als festlichen Schmuck. Die Mühe lohnt sich, da der Lavendel in solchen Gestecken auch gut trocknet. In viktorianischer Zeit dekorierte man an Festtagen das Porträt des Familienoberhauptes mit Lavendelgirlanden. Diese Zeiten sind zwar vorbei, doch kann ein Lavendelkranz ein bezaubernder Festtagsschmuck für eine Wand, einen Tisch oder die Kirche sein und bleibt nach dem Trocknen immer noch ein wunderschönes Andenken.

Getrockneter Lavendel ist überdies ein idealer Zimmerschmuck. Seine einfache, beinahe skulpturhafte Form macht ihn für eine Vielzahl von Arrangements geeignet, die nicht nur dekorativ aussehen, sondern gleichzeitig den Raum mit feinem Duft erfüllen. Doch wie

ehedem ist ein Strauß Lavendel auch heute teuer, und die hohen, schmalen Blütenstände machen viel Material erforderlich. Wer eine eigene Lavendelhecke besitzt, kann den Sommer über Material ernten und einen Vorrat anlegen. Man braucht wirklich eine außerordentliche Menge Lavendel für Dekorationen, und wer ihn kaufen muß, sollte sich lieber auf kleinere Arbeiten beschränken als mit dem Material zu knausern.

Bemühen Sie sich, Lavendel mit dichten Blütenständen zu bekommen, wenngleich die der üblichen Sorte eher locker sind. Diese eignen sich zwar ebenso gut für alle Dekorationen wie dichtblühende Sorten, doch man braucht viel mehr davon. Es ist schwer abzuschätzen, welche Mengen für die hier gezeigten Arbeiten erforderlich sind. Ein Strauß und selbst eine spezielle Anzahl von Stengeln kann als Angabe sehr irreführend sein. Am besten kauft man so viel Lavendel wie es der Geldbeutel erlaubt, und rechnet dann aus, welche Fläche die Spitzen der Blütenstände bedecken würden. Dann kauft man in der entsprechenden Größe Steckmasse. Alle Gestaltungsvorschläge auf den folgenden Seiten sind auch dann noch wirkungsvoll, wenn man die Gestecke kleiner anfertigt.

LINKS: In schlichten Gefäßen kommt frischer Lavendel am besten zur Geltung. Mehrere Gefäße lassen ein reizvolles Stilleben entstehen.

WICHTIGE DETAILS

Selbst kleine Lavendelsträußchen können als Dekoration verwendet werden. Ein Vorschlag ist, frische oder getrocknete Sträußchen als duftende Partydekoration im Haus oder im Freien an die Stuhllehnen zu binden. Wenn sich die Gäste anlehnen, zerdrücken sie die Lavendelblüten, die dann ihren intensiven Duft verströmen. Man kann kleine Sträuße jedoch auch als dauerhaften Schmuck verwenden, indem man sie an Foto- oder Bilderrahmen anbringt, über den Badezimmerspiegel oder, als Willkommensgruß, über die Eingangstür hängt.

Die einfache Form der Lavendelzweige verlangt danach, daß sie mit einem schlichten Material zusammengebunden werden, etwa mit Raffiabast, naturfarbener Schnur oder hübschen schmalen Bändern.

LINKS: Hier werden die kerzengeraden Lavendelstengel mit ihrem exquisiten Graugrün zu einem Bestandteil des Bildes. Der mattgraue Rahmen wird durch zwei Sträußchen geschmückt. Sie sind mit Draht zusammengebunden, der unter farbiger Schnur verborgen wurde, und mit Klebstoff fixiert.

RECHTS: Mit himbeerfarbenem Ripsband an die Stühle gebundene Lavendelsträuße sind ein wunderbar duftender Partyschmuck. Wenn man die Sträuße zuerst mit Gummiringen zusammenbindet, kann man sie später zum Trocknen an den Stühlen hängenlassen. Sie duften dann viele Wochen, bis alle Blüten abgefallen sind.

Duftender Obelisk

Dieser prächtige, bändergeschmückte Obelisk erinnert an barocke Säulen mit ihren üppigen Dekorationen. Er läßt sich ganz einfach anfertigen, und das Ergebnis ist wirklich märchenhaft. Da er jedoch viel Lavendel erfordert, kann er recht teuer sein. Vielleicht entscheiden Sie sich deshalb von vornherein für eine kleinere Version.

MATERIALIEN
Scharfes Küchenmesser
Kegel aus Trocken-Steckmasse, etwa 50 cm hoch
Stabile, schwere Schale, möglichst mit Fuß, aus Metall oder Keramik mit etwa 30 cm Durchmesser
Stecknadeln
2 m Geschenkband mit Drahtrand, etwa 5 cm breit
12 getrocknete Mohnkapseln mit Stiel
10 große Sträuße Lavendel

1 Mit einem scharfen Messer die Basis des Steckmassenkegels so zurechtschneiden, daß er fest in der Schale sitzt.

2 Mit den Stecknadeln das Band auf dem Kegel feststecken: An der Basis beginnen und nach oben arbeiten und dann wieder nach unten, um eine spalierähnliche Wirkung zu erreichen. Das Band dabei etwas zusammendrücken, damit es plastischer aussieht. Eine Mohnkapsel auf die Kegelspitze stecken, die anderen über den Kegel verteilen und die Stiele in die Masse stecken.

3 Die Lavendelstengel 2–3 cm unterhalb der Blüten abschneiden und, über dem Gefäßrand beginnend, kreisförmig in den Kegel stecken. Dann systematisch in kreisförmigen Linien nach und nach die Felder zwischen dem Band füllen. Wenn die Spitze erreicht wird, die Mohnkapsel entfernen, um den Lavendel dicht bei dem Loch einsetzen zu können, anschließend die Mohnkapsel wieder an ihren Platz stecken.

Bäumchen mit runder Krone

Mit diesen zwei bezaubernden Lavendelbäumchen können Sie einen Spiegel oder Kamin einrahmen, so wie man sonst Lorbeerbäumchen oder Buchsbaumkegel neben die Haustür stellt.

Materialien
Pro Baum
Scharfes Küchenmesser
2 Kugeln aus Trocken-Steckmasse mit etwa 20 cm Durchmesser
Blumentopf oder ähnliches Gefäß mit etwa 20 cm Durchmesser
1 m langer Ast von einem Korkenzieherhaselstrauch
5 große Sträuße Lavendel
Blumendraht
Etwas Islandmoos

1 Mit dem Küchenmesser eine der Steckmassenkugeln halbieren und eine Halbkugel in das Gefäß drücken. Nötigenfalls das Gefäß mit weiterer Steckmasse auffüllen. Zwei 50 cm lange Stücke Korkenzieherhasel in die Steckmasse drücken.

2 Die zweite Kugel auf die Aststücke setzen. Lavendel mit Blütenköpfen gleicher Größe auswählen und die Stengel auf 2–3 cm kürzen. Einen Ring aus Lavendel in die Kugel stecken und einen zweiten im rechten Winkel dazu.

3 Nun die Viertelkreise mit Lavendel auffüllen. Ein Arbeiten in Reihen läßt einen gleichmäßigen Eindruck entstehen.

4 Kurze Drahtstücke U-förmig wie Haarnadeln umbiegen. Mit ihnen das Moos auf der Steckmasse im Topf feststecken.

ROYAL ACADEMY OF ARTS
AT A PRIVATE VIEW OF THE SUMMER EXHIBITION

ERNTEARRANGEMENT

Die zarten blaugrünen Töne getrockneter Lavendelstengel sehen dicht gesteckt in einem schlichten Arrangement sehr eindrucksvoll aus. Hier werden sie zusammen mit goldgelbem Weizen und getrockneten Mohnkapseln in einem Metallbehälter arrangiert, dessen silbergraue Farbe perfekt mit den blauen, grünen und goldenen Tönen harmoniert. Wer keine passende Blechdose findet, kann jeden anderen verzinkten Metallbehälter verwenden.

MATERIALIEN

Küchenmesser
4 rechteckige Blöcke aus Trocken-Steckmasse
1 Blechbehälter, etwa 23 x 23 x 30 cm groß
2 Sträuße getrockneter Weizen
6 Sträuße getrockneter Lavendel
2 Handvoll Islandmoos
2 Sträuße getrocknete Mohnkapseln

1 Die Steckmasse mit dem Küchenmesser so zurechtschneiden, daß sie in den Behälter paßt. Wird ein hoher Behälter verwendet, zwei Blöcke aufrecht auf den Boden stellen und die anderen darauflegen. Wichtig ist, daß die oberen fest im Behälter sitzen.

2 Den Weizen in kleinen Sträußchen in der Mitte der Steckmasse einsetzen. Gebrochene oder beschädigte Stengel wegwerfen.

3 Die Lavendelstengel einzeln in Reihen möglichst gleichmäßig um den Weizen setzen. Die Höhe der Reihen staffeln, so daß die vorderen etwas niedriger sind als die hinteren. Dadurch wirkt der Lavendel noch etwas üppiger.

4 Das Moos um den Lavendel verteilen. Die Hälfte der Mohnstengel auf etwa 3 cm einkürzen, die anderen doppelt so lang lassen. Die kürzeren Mohnstengel rund um den Rand des Behälters in einer Reihe einsetzen. Dahinter mit den längeren eine zweite Reihe ergänzen, die auf der ersten ruht. Das Moos behutsam unter der vorderen Reihe herauszupfen, dabei die Kapseln anheben.

VIELSEITIGER LAVENDEL

Durch seine wunderbar schlichte, filigrane Form bietet sich der Lavendel von selbst für Zimmerschmuck an, der einfach, aber auch kunstvoll sein kann. Ob man ihn nur zu einem Strauß zusammensteckt oder mit Lavendelzweigen einen prächtigen kleinen Baum anfertigt, wichtig ist, dabei stets seinen Charakter zu berücksichtigen.

Es empfiehlt sich nicht, mit Lavendel einen herkömmlichen Blumenstrauß zu binden. Am besten nimmt man die Stengel einfach kerzengerade zusammen oder kürzt sie etwas und setzt viele Köpfe nebeneinander in einen Steckgrund, so daß sie an eine Wiese in voller Blüte erinnern.

LINKS: Dieser fantasievolle knorrige Lavendelbaum hat einen »Stamm« aus Treibholz, der in einer Sandschale fixiert wurde, und eine »Krone« aus getrocknetem Lavendel. Wem diese Krone zu kompliziert erscheint, kann es mit einer runden Form versuchen oder einen Steckmassenkegel in einen Tontopf setzen und einen »Weihnachtsbaum« anfertigen.

RECHTS: Durch rundum befestigte Lavendelsträußchen ist aus diesem einfachen Korb eine duftende Obstschale geworden. Die Sträußchen werden zuerst mit Draht umwickelt, dann mit Stoffstreifen verziert und schließlich mit kleinen Stücken blauem Bast an den Korb gebunden. Eine andere Möglichkeit wäre, am Rand des Korbes Lavendelsträußchen zu befestigen und ihn dann mit einem passenden Duftpotpourri zu füllen.

LAVENDELGESTECK

Es ist nicht schwierig, in einem Blumentopf ein schlichtes Lavendelgesteck zu arrangieren, das den ganzen Winter hindurch angenehm duftet. Das tiefe Indigoblau sieht zusammen mit strahlendem Sonnengelb prächtig aus, und mit Stoff im provenzalischen Stil kombiniert, erinnert es an Sommertage in Südfrankreich. Die rechts gezeigten Töpfe wurden in zarten Farben getönt und dann auf unterschiedliche Weise mit Blumen gefüllt. In dem höheren Gefäß bilden Lavendel und getrocknete Zweige einer Currypflanze ein fächerförmiges Arrangement, im zweiten Topf wurde mit Lavendel und Sonnenblumen ein dekoratives Gesteck gestaltet.

MATERIALIEN
Küchenmesser
1 großer Kegel Trocken-Steckmasse
1 Tontopf, etwa 15 cm hoch
10 getrocknete Sonnenblumen
Schere
1 Strauß getrockneter Lavendel
blauer Bast
Heißklebepistole

1 Mit dem Messer die Trocken-Steckmasse so zurechtschneiden, daß sie fest im Topf sitzt.

2 Die Stiele der Sonnenblumen auf etwa 5 cm kürzen und rund um den Topfrand in die Steckmasse setzen.

3 Die Lavendelstengel auf etwa 5 cm kürzen und mit ihnen die Mitte des Arrangements auffüllen.

4 Mehrere Basstränge um den Topf binden und auf der Rückseite mit Klebstoff fixieren. Die Bastenden kürzen.

HERZ AUS FRISCHEM LAVENDEL

Was ist romantischer als ein duftendes Herz aus Lavendelzweigen? Man kann es zu einem besonderen Anlaß anfertigen und dann einfach trocknen lassen. Für dieses Herz ist eine ganze Menge Lavendel notwendig. Falls nicht genügend zur Verfügung steht, sollte man das Herz kleiner machen.

MATERIALIEN
FÜR EIN HERZ VON ETWA 30 X 30 CM GRÖSSE
120 große Lavendelblütenstände
Gartenschere oder Schere
Silberdraht oder anderer dünner Draht
Blumendraht
Blumenband
Grüner Bast

1 Die Lavendelstengel auf 2–3 cm kürzen und jeweils 6 Köpfe zu einem Sträußchen zusammenfassen. Fest mit dünnem Draht umwickeln.

2 Die Enden eines etwa 1,10 m langen Blumendrahts zu Haken biegen und zu einem Kreis verbinden. Den Kreis eindrücken, so daß eine Herzform entsteht.

3 Das erste Sträußchen unten mit Blumenband am Herz befestigen. Das zweite Sträußchen etwas weiter oben ansetzen und festbinden. So bis zur Mitte nach oben weiterarbeiten, dann wieder unten beginnen und die zweite Seite fertigstellen.

4 Einen kleinen Strauß aus Lavendel mit Draht zusammenbinden und mit grünem Bast umwickeln. Unten auf das Herz setzen. Die Stengel nach hinten umbiegen. Den Bast nach hinten führen, um die Stengel festzubinden, vorn eine Schleife machen.

DUFTSTRÄUSSCHEN

Einst trugen Damen Duftsträußchen, die sozusagen ihr Parfüm waren. Gewöhnlich bestanden diese Sträußchen aus verschiedenen Arten frischer Kräuter, die in konzentrischen Kreisen angeordnet waren.

Wenn Sie weißen Lavendel bekommen oder im Garten haben, können Sie daraus zusammen mit kontrastierendem blauem oder violettem Lavendel ein hinreißendes Duftsträußchen anfertigen.

MATERIALIEN
1 Strauß blauer Lavendel
1 Strauß weißer Lavendel
Grüner Bast, Schnur oder Gummi
Gartenschere
Schmuckband

1 Um einen kleinen Strauß aus weißem Lavendel ringförmig tiefblauen Lavendel arrangieren. Mit Bast, Schnur oder einem Gummi zusammenbinden.

2 Um den blauen Lavendel den restlichen weißen anordnen. Den Strauß mit Bast, Schnur oder Gummi zusammenbinden und die Stengel mit der Gartenschere kürzen.

3 Ein breites Band um den Strauß binden und eine große dekorative Schleife machen.

KRANZ AUS GETROCKNETEM LAVENDEL

Lavendelkränze sind ein wunderhübscher Wandschmuck und verleihen überdies dem Raum angenehmen Duft. Sie können schlicht sein oder mit hübscher Schnur und Federn verziert werden – die Grundmethode bleibt stets die gleiche. Hier werden verschiedene Lavendelsorten verwendet, die zusätzliche Strukturkontraste entstehen lassen.

MATERIALIEN
3 Sträuße verschiedenfarbiger getrockneter Lavendel
Dünner Bindedraht
1 Weidenkranz mit etwa 20 cm Durchmesser
Drahtschneider oder Schere
Heißklebepistole
Schmuckband

1 Jede Lavendelsorte mit Draht zu kleinen Sträußchen zusammenbinden. Vor dem nächsten Arbeitsschritt sämtliche Sträußchen fertigstellen.

2 Nun die weißen Sträußchen auf gegenüberliegenden Seiten des Kranzes in zwei Gruppen festkleben, dabei darauf achten, daß der Kranz vollkommen bedeckt wird. Daran angrenzend auf die gleiche Weise Gruppen aus einer anderen Lavendelsorte mit Klebstoff fixieren.

3 Mit der dritten Lavendelfarbe fortfahren und so mit abwechselnden Farben rund um den Kranz weiterarbeiten, bis er vollkommen bedeckt ist. Ein Stück Band zu einer Schleife binden und mit Draht auf dem Kranz feststecken.

RECHTS: Die Grau- und Brauntöne der Federn sind eine wunderhübsche Ergänzung zu der zartvioletten Farbe getrockneten Lavendels.

LAVENDEL-SONNENBLUMEN-GIRLANDE

Bringen Sie mit einer leuchtenden Trockenblumengirlande ein wenig Duft und Sonnenschein ins Haus. Sie kann als Dekoration für ein Fest dienen und anschließend über ein Regal oder einen Schrank gehängt werden, um den Raum für den Rest des Jahres mit angenehmem Duft zu erfüllen.

MATERIALIEN
1 Girlandenbasis aus Kunststoff
Küchenmesser
4 Rechtecke aus Trocken-Steckmasse
Schere
10 Sonnenblumen
1 Strauß getrocknete Curryzweige
10 Sträuße getrockneter Lavendel

1 Die Girlandenbasis besteht aus Einzelelementen, die mit Haken und Ösen verbunden werden.

2 Die Steckmasse zurechtschneiden, in die Girlandenteile stecken und diese in der gewünschten Länge zusammenfügen.

3 Die Girlande auf ein Bord legen. Die Sonnenblumenstengel auf 5 cm kürzen. In Abständen gruppenweise auf der gesamten Länge der Girlande einsetzen. Um die Sonnenblumen Currypflanzenblüten arrangieren.

4 Die Lavendelstengel auf 5 cm kürzen und in die Girlande stecken: An einer Gruppe Sonnenblumenblüten beginnen und nach außen arbeiten. Darauf achten, daß die Steckmasse ganz verdeckt ist, bevor zur nächsten Gruppe Sonnenblumen übergegangen wird.

LAVENDELHERZ ALS WANDSCHMUCK

Ein Wandschmuck aus einem Herzen, Rosen und Lavendel – drei Symbolen der Liebe – sieht in jedem Raum des Hauses schön aus. Zudem läßt er sich ganz leicht anfertigen.

MATERIALIEN
Papier, Bleistift und Schere
3 Blöcke Trocken-Steckmasse
Herzförmige Kupfer- oder Aluminiumbackform
mit etwa 30 cm Durchmesser
Küchenmesser
2 Sträuße getrocknete Rosen
(mittel- und dunkelrot)
4 Sträuße getrockneter Lavendel

1 Die Steckmassen-Blöcke zusammensetzen. Die Form daraufdrücken, um den Rand zu markieren. Mit dem Messer die Steckmasse ausschneiden. Sie muß fest in der Form sitzen. Mit den Resten die Form gegebenenfalls auffüllen.

2 Für die Mitte aus Rosen eine Herzschablone aus Papier anfertigen und mit dem Messer umfahren, so daß eine Hilfslinie zum Stecken der Rosen entsteht.

3 Die Rosenstengel auf 2–3 cm kürzen. Die dunklen Rosen entlang der Hilfslinie einsetzen, mit den helleren die Mitte auffüllen. Schließlich den Lavendel gleichmäßig in konzentrischen Kreisen um die Rosen stecken, bis die Herzform ganz ausgefüllt ist.

DUFTENDE SERVIETTENRINGE

Diese anmutigen lavendelgefüllten Serviettenringe aus Organza, die von Haar-Scrunchys inspiriert wurden, sind sehr einfach anzufertigen. Man kann für unterschiedliche Anlässe mehrere Sets in verschiedenen Farben gestalten.

MATERIALIEN
FÜR 6 SERVIETTENRINGE
50 cm metallisch glänzender Organza
1 m Gummiband
Schere
Nähadel und Garn
Getrocknete Lavendelblüten

1 Für jeden Ring ein etwa 12 x 30 cm großes Stück Organza zuschneiden sowie ein etwa 12 cm langes Stück Gummiband, das eine Serviette fest umschließt. Den Organza, rechts auf rechts, längs zusammenfalten und an der Längsseite zusammennähen. Die rechte Seite nach außen wenden. Den Gummi durch den Organzaschlauch ziehen und die Enden fest zusammennähen.

2 Den Schlauch locker mit getrocknetem Lavendel füllen, dann die offenen Enden aneinandernähen, so daß ein lavendelgefüllter Ring aus Organza entsteht.

OBEN: Noch schöner wirken die Serviettenringe, wenn man ein Sträußchen aus Lavendel oder anderen Trockenblumen beziehungsweise dekorativen Blättern hineinsteckt.

KAPITEL FÜNF

LAVENDELDUFT IM HAUS

Das berühmteste der Riechkräuter ist jener Lavendel, dessen Blütenstände, im Farbton zurückhaltend wie ein Quakerhut, ungemein stark duften.

The Fragant Garden, L.B. Wilder

Oben und links: Frisch oder getrocknet, einfach oder kunstvoll arrangiert, erfüllt Lavendel das Haus rund ums Jahr mit wunderbarem Duft.

Die unverwechselbarste Eigenschaft des Lavendels ist zweifellos sein wunderbarer Duft. Schon die alten Ägypter, Griechen und Römer schätzten ihn wegen seines Wohlgeruchs, und im Römischen Reich wurde er in den berühmten öffentlichen Bädern großzügig verwendet. Seitdem haben Frauen über die Jahrhunderte hinweg in Bädern, Duftwässern und Kosmetika geschwelgt, die mit Lavendel hergestellt wurden, und ihn benutzt, um ihre Häuser das ganze Jahr hindurch mit Duft zu erfüllen.

Über die Zeit erfreute sich der Lavendel mal geringerer und mal größerer Beliebtheit, doch verschwand er nie völlig. Bis heute spielt Lavendel in der Parfümindustrie eine wichtige Rolle. Sein typischer Geruch – gleichzeitig süß und durchdringend, frisch und leicht medizinisch – ist von einer Art, die nie unangenehm wird. Heute verbindet man Lavendelparfüm mit Frauen, vielleicht, weil es über weite Strecken des 20. Jahrhunderts unter Männern nicht üblich war, Duftwässer zu verwenden. Doch zweifellos war dies nicht immer so. Im alten Ägypten, in Griechenland und Rom benutzten Männer ebenso häufig Lavendelduft wie Frauen, und heute hat die Parfümindustrie die Männer wiederentdeckt.

Lavendel ist ein großartiger Duftstoff, einprägsam und lange haftend, weshalb ihn Parfümeure viel in Produkten für Männer verwenden. Selbst Männer, die meinen, keine Düfte

OBEN: Der bloße Anblick eines Lavendelfeldes in voller Blüte läßt schon seinen intensiven Duft erahnen.

zu benutzen, parfümieren sich wahrscheinlich unwissentlich in Form von Rasiercremes oder Rasierschaum mit Lavendel, denn die Parfümeure benutzen Lavendel in ähnlicher Weise wie Köche Salz. Auch wenn man ihn vielleicht nicht riecht, ist er wahrscheinlich dennoch enthalten, da er andere Düfte besser zur Geltung bringt.

Lavendelwasser gehörte zu den ersten Duftstoffen, die in Europa hergestellt wurden. Dies geschah im 12. Jahrhundert durch die Benediktinerin Hildegard von Bingen, die verschiedene Werke über Pflanzen und Heilmittel verfaßte. Doch da die Kirche den Gebrauch von Duftstoffen für unschicklich hielt, fanden sie erst viele Jahre später weite Verbreitung. In England wurde Lavendel erst wieder populär, nachdem Heinrich VIII. die Klöster aufgelöst hatte. Seine Tochter Elizabeth I. war eine große Freundin des Lavendels und bezahlte ihre Destillateure so gut, daß deren Lebensunterhalt allein durch diese Arbeit gesichert war. Zu Zeiten der Stuarts diente Lavendel dazu, allen möglichen Haushaltsprodukten Wohlgeruch zu verleihen, wie etwa Möbelpolitur, Kerzen und mitunter Seife. Es war Henrietta Maria, die, als sie Charles I. heiratete, vom europäischen Kontinent die Sitte mitbrachte, Seifen und Kosmetika zu parfümieren. Bei den Damen vornehmer Häuser kam es in Mode, viele Stunden mit dem Destillieren von Lavendelöl zu verbringen, das zur Herstellung von Lavendelwasser, Cremes und Salben verwendet wurde. Zudem trockneten sie Lavendel für Duftkissen und Duft-Potpourris, mit denen sie ihren Zimmern Wohlgeruch verliehen.

Doch die Blütezeit erlebte die englische Lavendelproduktion während der Regierungszeit von Königin Victoria. Auch sie liebte die-

sen Duft und pflegte mit der Königlichen Hoflieferantin für Lavendelessenz Sarah Sprules durch die Lavendelfelder in Wallington zu schlendern, um sich an dem berauschenden Duft frischen Lavendels zu erfreuen, der unter dem sommerlichen Himmel in voller Blüte stand. Essenz und getrocknete Blüten erfüllten während des übrigen Jahres ihre verschiedenen Residenzen mit Wohlgeruch. Böden und Möbel wurden mit nach Lavendel duftendem Bienenwachs poliert, Potpourris verströmten ihren Duft in den Zimmern, der Geruch von Lavendelwasser und Lavendelseifen war aus den Bädern nicht wegzudenken.

Die Königin wurde zum Trendsetter für Reinigungs- und Toilettenartikel, die nach Lavendel dufteten, und bald roch es auch im einfachsten Haus nach dem begehrten Duftkraut. Dies blieb über mehrere Generationen so, bis in der zweiten Hälfte des 20. Jahrhunderts Lavendelduft zunehmend mit ältlichen Tanten in Verbindung gebracht wurde und seine Popularität schwand.

Lavendel ist noch immer ein vielseitiger und beliebter Duftstoff, und es gibt viele neue Methoden, mit Lavendelzweigen Geschenke, Wandschmuck oder Tischdekorationen anzufertigen.

LINKS: Wegen seiner desinfizierenden Eigenschaften und seines nachhaltigen Dufts wird Lavendel seit langem für alle Arten von Reinigungsmitteln verwendet.

LAVENDELTÜTCHEN

Auf den sonnenverwöhnten Märkten der Provence wird getrockneter Lavendel in hübsch bedruckten braunen Papiertüten verkauft. Diese Idee kann mit Hilfe eines Farbkopierers leicht adaptiert werden, um Dufttütchen für Schränke und Kommoden anzufertigen. Sie können dazu im Kopierladen jedes beliebige Bild auf das gewünschte Format vergrößern oder verkleinern lassen. Hier wurden alte Etiketten von Lebensmittelverpackungen verwendet, doch geeignet ist beinahe jedes dekorative Motiv.

MATERIALIEN
Ein Stück Pauspapier oder
Durchsichtige Folie, DIN-A3
Weicher Bleistift bzw. Folienschreiber
Lineal
Dekorativer Druck als Vorlage
Getrocknete Lavendelblüten
Locher
Schnur

1 Auf das Pauspapier beziehungsweise die Folie jeweils 15 cm vom oberen und unteren Rand und 2,5 cm vom linken Seitenrand entfernt ein 12 x 12 cm großes Quadrat zeichnen.

Innerhalb dieses Quadrats soll auf der Kopie das Bild sitzen. Es kann natürlich auch rechteckig und kleiner sein. Die Pauspapiervorlage beim Kopieren über den Druck legen, der als Motiv für das Lavendeltütchen dient, und eine DIN-A3-Kopie anfertigen, auf der das Bild an derselben Stelle sitzt wie das Quadrat auf der Vorlage.

2 Das Blatt 1 cm vom rechten Bildrand entfernt längs nach hinten falten, dann das Blatt umdrehen und mit der Vorderseite nach unten auf eine glatte Arbeitsfläche legen.

Den schmalen Rand an der Längsseite des Blattes umfalten. Das gefaltete Blatt wieder umdrehen und die linke obere Ecke bis zur rechten Seitenkante nach unten falten. Der schmale gefaltete Rand liegt jetzt vorne über dem Bild. Nun die rechte Spitze bis zur linken Kante nach unten falten und unter den gefalteten Rand schieben.

3 Es ist ein am unteren Ende offenes Tütchen entstanden. Das Tütchen mit Lavendel füllen.

4 Das offene Ende in der gleichen Weise wie oben zusammenfalten. Ein Loch stanzen und Schnur durchziehen.

LAVENDEL IM HAUSHALT

In den Destillationszimmer früherer Zeiten, wie man sie besonders in englischen herrschaftlichen Häusern kannte, führte die Herrin des Hauses Aufsicht. Hier wurden Polituren, Parfüms und Färbemittel hergestellt wie auch Lebensmittel konserviert und Arzneien gemischt. Bei vielen dieser Arbeiten spielte duftender Lavendel wohl eine wichtige Rolle. Man stellte Möbelpolitur aus Wachs und Lavendel her, parfümierte Kerzen mit Lavendel und hängte Lavendel in Sträußen zum Trocknen auf. Man destillierte Öl, mischte Duft-Potpourris und bündelte Lavendelstengel, die später ins Feuer geworfen wurden, um die Wohnräume mit Wohlgeruch zu erfüllen. In späteren Jahren war es in England möglicherweise der Butler, der über die Herstellung von Möbelpolituren, Kerzen und anderen Dingen wachte.

Heute ist den Menschen der Duft von Lavendel in Haushaltsprodukten wie Seifen, Polituren, allen Arten von Reinigungsmitteln oder in Duftsprays ebenso vertraut. Ein großer Teil des in modernen Haushaltsprodukten verwendeten Lavendelduftes stammt von der blühenden Lavendelindustrie Spaniens.

LINKS: Die Stengel von getrocknetem Lavendel kann man aufheben und in ein Kaminfeuer werfen, um den Raum mit natürlichem Duft zu erfüllen.

RECHTS: Getrockneter Lavendel dient seit jeher dazu, Möbelpolituren, Kerzen, Seife und einer breiten Palette von Reinigungsartikeln Duft zu verleihen.

BELMONTINE
CANDLES
BELMONTINE
CANDLES

ORGANZAKISSEN

Bei diesem aparten Kissen ist es beabsichtigt, daß der getrocknete Lavendel durch den transparenten Organza sichtbar ist. Die indigoblauen Blüten haben eine reizvolle Struktur und erfüllen den ganzen Raum mit Duft. Die Rückseite des Kissens besteht aus Leinen, das für etwas Gewicht sorgt und sich wunderbar anfühlt.

MATERIALIEN
Schere
30 cm purpurfarbenes Leinen
30 cm purpurfarbener, metallisch glänzender Organza
Stecknadeln, Nähnadel und Garn
1,30 m breites Band
1 m schmales Band
1 große Tüte getrockneter Lavendel
4 goldene Troddeln (nach Belieben)

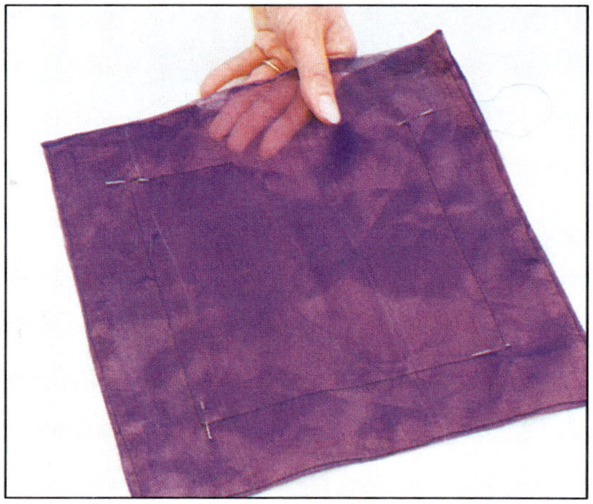

1 Aus Leinen und Organza jeweils ein 30 cm großes Quadrat zuschneiden. Die Stücke, links auf links, aufeinanderlegen. Die Ränder einschlagen, zusammenstecken und heften. Dann zusammennähen, dabei jedoch eine 10 cm große Öffnung zum Füllen lassen. Die Breite der Bänder addieren und auf allen vier Seiten jeweils vom Kissenrand aus abmessen und mit Stecknadeln auf dem Kissen markieren. Entlang dieser Linie eine zweite Naht nähen, dabei entsprechend der ersten Öffnung wieder eine Öffnung zum Füllen aussparen.

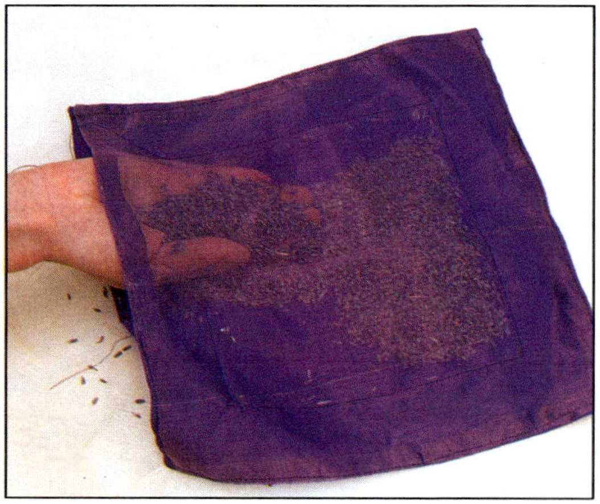

2 Den Mittelteil des Kissens mit Lavendel füllen und die Öffnung schließen. Dann den äußeren Rand zusammennähen.

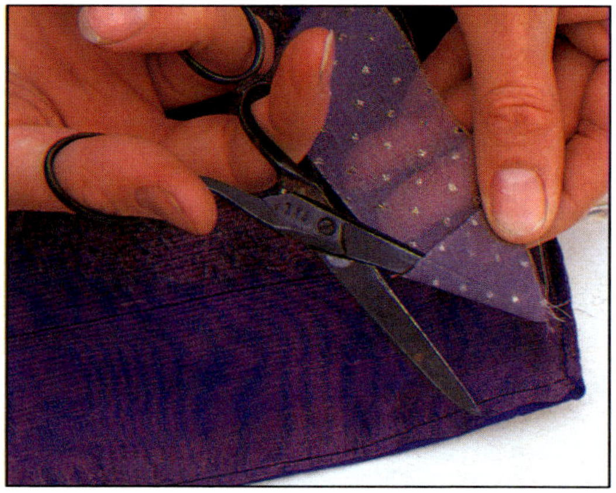

3 Vier Stücke des breiten Bandes in Länge des Kissenrandes zuschneiden. Die Ecken nach innen umbiegen und glattstreichen. Dicht an der Knickstelle abschneiden.

4 Die Bandstücke von Hand an allen vier Ecken an den diagonalen Schnittkanten mit kleinen Stichen zusammennähen.

5 Die Außenkante des Bandes am äußeren Rand des Kissens festnähen, anschließend die Innenkante mit Stichen befestigen.

6 Mit dem schmalen Band auf die gleiche Weise verfahren. Die Troddeln hinten an den Ecken des Kissens festnähen.

LAVENDELPOMANDER

Diese hübsche Variante des Gewürzpomanders kann das ganze Jahr als Zimmerdekoration ihren Duft verströmen oder als phantasievoller Christbaumschmuck verwendet werden.

MATERIALIEN
Mittelstarker Blumendraht, etwa 40 cm lang
1 Kugel aus Trocken-Steckmasse
mit etwa 10 cm Durchmesser
Drahtschneider
50 cm Band
2 Sträuße getrockneter Lavendel
Schere

1 Den Draht zusammenbiegen und durch die Mitte der Steckmassenkugel schieben. Das Band durch die entstandene Schlaufe stecken und diese fest an die Kugel ziehen, bis sie nicht mehr heraussteht. Den Draht kürzen und die Enden zur Kugel hin umbiegen, so daß das Band fest sitzt.

2 Lavendelköpfe gleicher Größe auswählen und, am Boden der Kugel beginnend, in den Schaumstoff stecken. Die Köpfe kreisförmig in gleichmäßigen Reihen rund um die Kugel einsetzen.

3 Dann im rechten Winkel zum ersten einen zweiten Kreis aus Lavendelköpfen einsetzen. Auf diese Weise wird die Kugel in Viertel geteilt.

4 Ein Viertel mit Lavendel auffüllen, der in Reihen eingesetzt wird. Mit den anderen Vierteln ebenso verfahren. Das Band zu einer Schleife binden.

KERZENRINGE AUS LAVENDEL

In Skandinavien ist es ein alter Brauch, kleine Kränze aus verschiedensten Materialien zu fertigen, um damit Kerzenhalter zu schmükken. Diese aus Lavendel sind eine hübsche, wohlduftende Tischdekoration. Sorgen Sie dafür, daß die Kerzen gelöscht werden, bevor sie die Lavendelkränzchen in Brand setzen können.

MATERIALIEN
Mittelstarker Blumendraht
Drahtschneider
1 Strauß getrockneter Lavendel
Schere
Dünner Bindedraht
Schmales Satinband

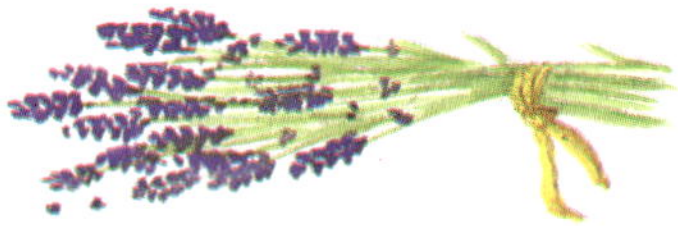

1 Aus Blumendraht einen Ring biegen, der sich leicht über die Kerze legen läßt, aber so eng ist, daß er sicher auf dem Kerzenhalter ruht.

Falls kein Blumendraht zur Verfügung steht, kann der Ring aus mehrfach genommenem Bindedraht angefertigt werden, der mit weiterem Draht umwickelt wird. Kleine Sträußchen aus getrocknetem Lavendel binden und die Stengel gleichmäßig auf etwa 1 cm kürzen. Die Sträußchen nötigenfalls mit Bindedraht umwickeln.

2 Die Sträußchen mit dem dünnen Draht rings herum am Ring fixieren. Das Band vorn durch den Ring ziehen und zu einer Schleife binden.

DUFTLAMPEN

Öllampen sind als Tischdekoration eine originelle Alternative zu Kerzen. In Gruppen arrangiert wirken sie besonders hübsch, und wenn man einige auf Glasfüße stellt, kann man die Höhe der Lämpchen problemlos staffeln.

Parfümiert man im Handel erhältliches blaues Lampenöl mit einigen Tropfen Lavendel, hat man eine romantische Zimmerbeleuchtung, die gleichzeitig Duft verbreitet.

1 Mit einem kleinen Spezialtrichter für Duftlampen das blaue Öl 2–3 cm hoch in die Lampen füllen.

2 Jeweils etwa 10 Tropfen Lavendelöl hinzufügen, dann noch etwas Lampenöl ergänzen. Darauf achten, daß die Lampen nicht zu voll werden.

Die Lampen dürfen nicht unbeaufsichtigt brennen oder in Reichweite von Kindern aufgestellt werden.

Wandbehang aus Bändern

Dieser reizvolle Wandbehang wird aus Chiffonbändern in zwei verschiedenen Farben gefertigt, die miteinander »verwebt« werden. Anschließend steckt man winzige Lavendelsträußchen in die entstandenen Taschen. Das Arbeiten des Wandbehanges ist nicht schwierig, da das Band aber sehr glatt ist, braucht man etwas Geduld.

MATERIALIEN
6,50 m Chiffonband, 7,5 cm breit
5,50 m Chiffonband in einer anderen, passenden Farbe, 7,5 cm breit
Schere
Stecknadeln, Nähnadel und Garn
Papier und Bleistift
1 Strauß Lavendel
1 m schmales purpurnes Viskoseband
1 m schmales rosafarbenes Viskoseband
Dünnes Kupferrohr

1 Das 6,50 m lange Chiffonband in vier Streifen von 1 m Länge sowie vier Streifen von 60 cm Länge schneiden. Aus der zweiten Farbe drei 1 m lange und vier 60 cm lange Streifen schneiden. Ein Ende an jedem der längeren Streifen umfalten und so festnähen, daß später das Kupferrohr durchgeschoben werden kann. Die langen Chiffonstreifen in sich abwechselnden Farben flach nebeneinanderlegen, wobei sich der Hohlsaum oben befindet und die linke Seite unten. Nun einen kurzen Bandstreifen neben dem Hohlsaum durch die längeren Stücke »weben«. Die Ecken, an denen sich die Bänder kreuzen, mit mehreren kleinen sauberen Stichen zusammennähen. Mit den restlichen Bändern ebenso verfahren.

2 Nun die Seiten der Taschen schließen, die nicht nur die Lavendelsträußchen halten, sondern dem Wandbehang zudem eine quiltartige Wirkung verleihen sollen: Zunächst alle senkrechten Kanten sich leicht überlappend mit winzigen Stichen zusammennähen. Dabei wird die Nadel durch drei Stofflagen – zwei senkrechte und eine waagrechte – geführt. Die waagrechten Nähte auf die gleiche Weise schließen, jedoch nicht dort, wo sich die kurzen Bänder auf der Vorderseite des Wandbehanges befinden. Hier die Oberseiten offenlassen, so daß Taschen entstehen. An diesen Stellen wird der Faden nur durch zwei Stofflagen – das senkrechte Band und das dahinterliegende nächsthöhere waagerechte geführt.

3 Die Enden der senkrechten Bänder zu Spitzen schneiden. Dazu eine Papierschablone (Seite 125) anfertigen und diese auf die Bandenden stecken, dann den überflüssigen Stoff abschneiden. Die waagerechten Bänder auf gleiche Länge einkürzen.

4 Jeweils 3 Lavendelstengel mit kleinen Blütenständen zu Sträußchen zusammenfassen. Mit purpurnem oder rosa Viskoseband zusammenbinden und in die Taschen stecken. Das Kupferrohr durch den Hohlsaum ziehen und an Metallhaken aufhängen.

DUFTPOTPOURRI IN EINEM BEUTEL

Füllen Sie getrocknete Lavendelblütenstände in einen hübschen Organzabeutel, der von einer großen Samtschleife zusammengehalten wird. Ein solcher Potpourri sieht wundervoll aus, duftet herrlich und ist, im Gegensatz zu den meisten anderen, dank der Organzahülle auch kein Staubfänger.

MATERIALIEN

1 m purpurner, metallisch glänzender Organza
Schere
Nähnadel und Garn
3 m schmales Seidenband
1 m breites Samtband
Getrocknete Lavendelblütenstände

1 Ein 40 x 40 cm großes Stück Organza sowie vier 10 x 40 cm große Streifen zuschneiden. Jeweils einen Streifen, rechts auf rechts, an gegenüberliegenden Seiten des Quadrates festnähen. Kanten und Ecken abschneiden und die rechten Seiten nach außen drehen.

2 Rund um den Rand des Quadrates eine Naht machen. Die Kanten der Streifen unter dem Viskoseband verbergen: Ein Stück Band, etwas länger als eine Seite des Quadrates, zuschneiden und über der Kante eines Streifens festnähen. Auf den übrigen drei Seiten ebenso verfahren.

3 Für die beiden Quasten jeweils vier Stücke Samtband von 12 cm in der Mitte umfalten und mit einem kleinen Stück Band zusammennähen. Die Enden abschrägen. An den Ecken festnähen.

4 Das fertige Organzaquadrat, Innenseite nach oben, ausbreiten. Eine Handvoll Lavendel in die Mitte geben, dann die vier Ecken zusammennehmen. Mit einer großen Samtschleife zu einem Beutel binden.

LAVENDEL IM BAD

Schon zur Zeit der alten Ägypter gingen Lavendel und Badefreuden Hand in Hand. Die Römer machten später beinahe eine Kunst daraus. Sie hatten einen besonderen Raum in den Thermen, das *unctorium*, wo sie sich mit ätherischen Ölen salbten, bevor sie in ein warmes oder heißes Bad stiegen.

Ein Salbraum neben dem Badezimmer mag heute ein wenig extravagant erscheinen, aber es ist dennoch wundervoll, sich in einem warmen Bad zu entspannen, das nach natürlichem Lavendel duftet. Verwöhnen Sie sich, und fügen Sie Ihrem Badewasser einige Tropfen reines Lavendelöl hinzu, das die Laune hebt und zudem Muskelschmerzen lindert. Nach dem Bad können Sie etwas erfrischendes Lavendelwasser auflegen, ähnlich wie es die Römer einst taten.

RECHTS: Lavendelwasser erfreut sich bereits seit dem 12. Jahrhundert großer Beliebtheit. Ein Spritzer sorgt für erfrischenden Duft oder kann am Ende eines heißen Tages einem Fußbad kühlende Wirkung verleihen. (Herstellung siehe gegenüberliegende Seite.)

LAVENDELWASSER

OBEN: Nach einem langen, anstrengenden Tag sorgen lavendelduftende Badekristalle und Lavendelöl für Entspannung und Regeneration.

1 In einem Topf 350 g Lavendel und 600 ml Mineralwasser ohne Kohlensäure unter ständigem Rühren langsam zum Kochen bringen.

2 Etwa 10 Minuten köcheln lassen, dann wegstellen und abkühlen lassen. Durch ein Sieb in eine Flasche gießen und 150 ml Wodka hinzufügen. Gut schütteln.

LAVENDELSEIFE

1 Zehn Lavendelblütenstände mit 60 ml kochendem Wasser übergießen und 30 Minuten ziehen lassen. Durch ein Sieb gießen.

2 Unparfümierte Seife bei schwacher Hitze in das Wasser hobeln und sehr sorgfältig unterrühren.

3 Die Mischung zu Kugeln formen und abtrocknen lassen. Es dauert mindestens zwei Tage, bis sie hart sind. Hübsch verpackt sind diese duftenden Seifen ein apartes Geschenk, das sich leicht anfertigen läßt. Reicht dafür die Zeit nicht aus, kann man gekaufte Lotionen, Cremes und Seifen mit einigen Lavendelzweigen wunderschön dekorieren.

RECHTS: Vielleicht haben Sie weder Zeit noch Lust, eigene Lavendelseife herzustellen, dennoch können Sie ein reizvolles Geschenk anfertigen, indem Sie ein Stück Lavendelseife hübsch verpacken, mit Wachs versiegeln und mit farblich passenden Lavendelkissen aus Naturleinen kombinieren.

BADEBEUTEL

Hängen Sie einen mit Lavendel gefüllten Badebeutel über den Heißwasserhahn, und Sie können ein entspannendes, natürlich duftendes Bad genießen.

MATERIALIEN
Papier und Bleistift
Schere
50 cm Naturleinen
Stecknadeln, Nähnadel und Garn
Knopf mit 2–3 cm Durchmesser
Farbige Kordel zum Aufhängen

1 Eine Schablone aus Papier nach dem Muster auf Seite 124 anfertigen und diese Form einmal aus dem Leinen schneiden. Dann ein Rechteck mit der gleichen Breite, jedoch 16,5 cm Länge zuschneiden. Mit dem spitzen Ende der Schablone eine Blende von 15 cm Länge zuschneiden.

2 Am oberen Rand des Taschen-Vorderteils und am unteren Rand der Blende einen schmalen Saum machen. Vorderteil und Blende, links auf links, auf dem Taschenrücken feststecken, dann die Teile zusammennähen. Die Ränder begradigen, Ecken und obere Spitze abschneiden. Die Tasche nach rechts drehen und rundum absteppen. In die Klappe ein Knopfloch nähen, den Knopf auf das Vorderteil nähen. Die Tasche mit Lavendel füllen und schließen. Oben ein Stück Schnur durchziehen und verknoten.

WASCHHANDSCHUH

Lassen Sie an einem heißen Sommertag, wenn nach einem Spaziergang Gräser und Gestrüpp ihre Spuren an Händen und Beinen hinterlassen haben, die heilenden Eigenschaften von Lavendelöl auf sich wirken. Sie schäumen den Handschuh wie üblich mit Seife oder einer milden Waschlotion ein und schieben dann ein Lavendelkissen in die herzförmige Tasche. Beim Waschen wird der Lavendel zerdrückt und gibt sein Öl ab.

MATERIALIEN
Pauspapier
Papier und Bleistift
Schere
Waffelpikee in Marineblau
Waffelpikee in Limettengrün
Stecknadeln, Nähnadel und Garn
Fuchsienroter Sticktwist
50 cm farbiger Musselin
Getrockneter Lavendel

1 Mit Hilfe der Hand- und Herzschablonen auf Seite 124/125 ein Schnittmuster anfertigen. Aus dem blauen Stoff zwei Handformen zuschneiden, aus dem limettengrünen Stoff ein Herz.

2 Die Ränder der Herzform umnähen. Am unteren Rand der beiden handförmigen Teile einen Saum machen. Für Rechtshänder eines der Teile mit der rechten Seite nach oben legen, so daß der Daumen nach rechts zeigt. Für Linkshänder muß der Daumen links liegen. Das Herz in der Mitte der Hand feststecken und die untere Hälfte rundum festnähen.

3 Mit zwei Fäden Sticktwist das Herz rundum mit Knopflochstichen einfassen, um die Naht zu verbergen. Dabei die Nadel am unteren Teil durch beide Stofflagen führen, am oberen, offenen Teil nur die Herzform einfassen.

4 Die beiden handförmigen Teile, rechts auf rechts, zusammennähen. An den Rundungen den Saum einschneiden, dann den Handschuh umdrehen und den Rand rundherum absteppen. Mehrere 5 cm große Quadrate aus farbigem Musselin zuschneiden und je zwei an drei Seiten zusammennähen und mit Lavendel füllen. Den oberen Rand schließen. Die Kissen nach Gebrauch wegwerfen.

LAVENDEL ZUM VERSCHENKEN

Ein Geschenk aus Lavendel kann noch so einfach sein, es ist immer willkommen. Falls Ihnen die Zeit fehlt, selbst etwas anzufertigen, können Sie ein Geschenk kaufen und es phantasievoll verändern oder ergänzen.

LINKS: Diese kleinen Bilderrahmen werden durch einen winzigen Strauß aus getrocknetem Lavendel noch reizvoller.

UNTEN: Machen Sie getrockneten Lavendel zu einem besonderen Geschenk, indem Sie ihn in eine spitze Cellophantüte füllen, die Sie mit einer großen Schleife aus Satinband verschließen.

OBEN: Ein bestickter Lavendelbeutel und ein Kissen in einem farblich passenden Holzkorb sind ein entzückendes Geschenk.

RECHTS: Hübsche Taschentücher aus weißer Baumwolle, mit Lavendel gefüllt und mit zarten Bändern zusammengebunden, verwandeln sich zu einfachen, aber bezaubernden Duftbeuteln.

OFENHANDSCHUH

Füllen Sie einen Ofenhandschuh mit Lavendel, und Sie werden seinen Duft genießen können, wann immer Sie einen heißen Topf oder Teller anfassen.

MATERIALIEN
1 m Drillich
Schere
Reste von leichtem, grobem Baumwollstoff
50 cm wattierte Einlage
Stecknadeln, Nähnadeln und Garn
Getrockneter Lavendel

1 Zwei Stücke Drillich von 20 x 75 cm Größe zuschneiden und die Enden abrunden. Jeweils zwei 20 cm lange, unten abgerundete Taschen aus Drillich, Baumwollstoff und Einlage zuschneiden.

2 Den restlichen Drillich schräg in 4–5 cm breite Streifen schneiden. Die geraden Kanten der Taschenaufsätze aus Drillich umbiegen und einen Saum machen.

3 Je ein Stück Einlage und Baumwollstoff an drei Seiten zusammennähen. Mit Lavendel füllen und die Naht schließen. Das Schrägband zusammennähen, so daß es rund um den Handschuh reicht. Aus einem kurzen Stück eine Schlaufe nähen.

4 Die Teile zusammenfügen: Eine Drillichtasche mit der rechten Seite nach unten auf die Arbeitsfläche legen, darauf ein langes Stoffstück, rechte Seite unten, eine lavendelgefüllte Einlage und das zweite lange Stück mit der rechten Seite nach oben.

5 Das Schrägband, rechts auf rechts, rund um den Ofenhandschuh feststecken. In der Mitte die Schlaufe so einsetzen, daß die unteren Enden bündig mit Schrägstreifen und Drillich abschließen. Dann den Schrägstreifen festnähen.

6 Den Stoff dicht an der Naht abschneiden, an den Rundungen einschneiden. Den Schrägstreifen umfalten, einschlagen und auf der anderen Seite des Ofenhandschuhs festnähen.

KAPITEL SECHS

WÜRZEN MIT LAVENDEL

DIE JUNGEN, ZARTEN SPROSSEN WERDEN EINGELEGT UND AUFBEWAHRT, UM MIT FLEISCH GEGESSEN ZU WERDEN WIE DIOSKURIDES ES LEHRTE.

THE HERBALL, JOHN GERARD 1597

OBEN: Altmodischer kandierter Lavendel, der süßen Duft verströmt.

LINKS: In vergangenen Jahrhunderten machte sein würziger Geschmack den Lavendel zu einer beliebten Aromazutat. Heute kann man ihn beispielsweise als Ersatz für Rosmarin verwenden, um einem gewöhnlichen Gericht eine außergewöhnliche Note zu verleihen.

Unter den aromatischen Kräutern besitzt Lavendel wohl den intensivsten Geschmack, doch hat man ihm in der Küche moderner Zeit kaum Beachtung geschenkt. Dies ist schwer verständlich – das Aroma des Rosmarins hat eine ähnlich süßliche Note und dennoch verwendet man ihn für viele traditionelle Gerichte.

In der Vergangenheit spielte Lavendel besonders in der englischen Küche eine wichtige Rolle. Elizabeth I. hatte eine große Schwäche für Lavendelmarmelade, und zu ihrer Zeit war es auch nicht ungewöhnlich, pikante Gerichte mit Lavendel zu würzen. Allerdings lag in jenen Tagen ein Grund für die Beliebtheit des Lavendels darin, daß er bei Fleisch, das nicht mehr ganz in Ordnung war, den Geschmack überdeckte.

Die Verwendung von Lavendel kam in unserem Jahrhundert etwas aus der Mode, doch seit nicht allzu langer Zeit, seitdem mit der wachsenden Reiselust exotische Aromazutaten in die westliche Welt Eingang fanden, lebt auch das Interesse an den heimischen Kräutern und Gewürzen wieder auf.

Die neue Aufgeschlossenheit gegenüber intensiven Aromen bringt vielleicht auch den Lavendel wieder in die Küche zurück. Bei pikanten Gerichten kann Lavendel leicht anstelle von Rosmarin verwendet werden, um einem einfachen Rezept eine exotische Note zu verleihen. Probieren Sie ihn einmal zu Lamm oder Fisch und in Salaten, pikanten Torten oder Broten. In der Küche vergangener Zeiten wurde Lavendel allerdings häufiger für süße als für pikante Speisen verwendet.

OBEN: Lavendel kann in der Küche sowohl frisch als auch getrocknet verwendet werden.

Eine der einfachsten Methoden, Kuchen, Keksen und Desserts den Geschmack von Lavendel zu verleihen, ist die Verwendung von Lavendelzucker, mit dem die Speisen dann anstelle von normalem Zucker gesüßt werden. Wer nicht gern bäckt, kann Lavendelzucker über Sommerfrüchte oder Pudding streuen. Lavendelblüten eignen sich nicht nur als Aromazutat, sondern auch als Verzierung. Man kann sie frisch verwenden oder kandieren und mit ihnen sommerliche Biskuitkuchen oder exquisite Nachtisch-Naschereien verzieren.

Da der Blütenstand mitunter recht holzig und daher wenig schmackhaft ist, verwendet man ganze Blütenstände nur dort als Dekoration, wo man sie vor dem Essen entfernen kann, etwa auf Kuchen oder Pudding oder am Rand von Tellern und Platten. Sollen sie mitgegessen werden, entfernt man die Einzelblütchen vom Stengel und knipst die unteren Enden ab. Dann gibt man sie über oder auch in Salate oder Desserts. Am wirkungsvollsten sind tief indigoblaue Blüten. Man verwendet nur voll geöffnete Blüten, da sie nicht nur am hübschesten, sondern auch am aromatischsten sind.

Bei Verwendung frischer Blüten muß man darauf achten, daß sie nicht mit Pestiziden vergiftet sind – denken Sie daran, daß bei Wind Spritzmittel driften können, erkundigen Sie sich daher auch bei Ihren Nachbarn. Da man die Blüten am besten nicht wäscht, weil sie darunter leiden, nimmt man nur einwandfreie, wirklich saubere. Es sollte eigentlich auch keine Notwendigkeit bestehen, die Blüten zu waschen, da sie hoch über dem Boden stehen und von den meisten Insekten und Vögeln gemieden werden. Ihre einzigen Gäste sind Bienen und

OBEN: Lavendelzucker, über Früchte gestreut oder zur Zubereitung von Marmeladen und Konfitüren verwendet, weckt Erinnerungen an vergangene Zeiten.

Schmetterlinge. Man pflückt die Blüten am Morgen, nachdem der Tau abgetrocknet ist, die Sonne den Ölgehalt jedoch noch nicht beeinträchtigt hat. Falls sie noch feucht sind, läßt man sie an einem Platz trocknen, der keine direkte Sonne bekommt, weil sich andernfalls die Blüten öffnen können und ihr kostbares Öl verströmen. Blüten, auf denen Feuchtigkeit zurückbleibt, nehmen rasch Schaden und welken. Beim Kauf von getrocknetem Lavendel muß man darauf achten, daß er für die Küche geeignet ist, das heißt, aus besonderem Anbau stammt und unter hygienischen Bedingungen verarbeitet und verpackt wurde.

KANDIERTER LAVENDEL

Diese hübsche, duftende Verzierung für Süßigkeiten und Pudding ist eine erfrischende Alternative zu kandierten Veilchen. Am besten entfernt man die einzelnen Lavendelblütchen von den wenig schmackhaften Stielen. Abhängig von der Sorte kann man dies vor oder nach dem Kandieren tun. Während sich bei lockeren Blütenständen die Blütchen nach dem Kandieren leicht entfernen lassen, ist es bei dichtblühenden Sorten wie »Hidcote« vorher vielleicht einfacher.

Man nimmt die obersten Stengel von fri-

schem Lavendel und entfernt die einzelnen Blütchen. Die Stengel wirft man weg, die Blütchen taucht man, nötigenfalls mit Hilfe einer Pinzette, zuerst in verquirltes Eiweiß und anschließend in feinen Zucker. Dann legt man sie zum Trocknen auf Butterbrotpapier. Wenn sie vollkommen getrocknet sind, kann man sie zwischen Butterbrotpapierlagen in einem luftdicht verschlossenen Behälter bis zu drei Monate aufbewahren.

LAVENDEL-ZUCKER

Dieser duftende Zucker verleiht jedem süßen Rezept eine exotische Note. Man bereitet im Sommer mehrere große Gläser zu, zum Verschenken füllt man den Zucker in hübsche Glasgefäße, die man zum Beispiel mit Bändern verziert.

ZUTATEN

1 EL getrockneter Lavendel für die Küche
1 kg feiner Zucker

Lavendel und Zucker sorgfältig vermischen und mindestens einen Monat in einem luftdicht verschlossenen Gefäß stehenlassen. In regelmäßigen Abständen kräftig schütteln. Zur Zubereitung von Kuchen, Pudding und sommerlichen Getränken die Lavendelblüten heraussieben.

Grüner Salat mit Lavendelblättern

Nicht nur die Blüten des Lavendels verleihen Speisen Duft und Aroma, sondern auch seine Blätter. Da sie wie viele Kräuter leicht behaart sind, hackt man sie vor Verwendung sorgfältig. Die Blätter aller Lavendelsorten geben grünem Salat eine besondere Note, doch am schönsten sind Blätter von farnartigen Formen.

ZUTATEN
125 g gemischter grüner Salat wie Lollo Biondo, Rauke, Eissalat, Kopfsalat oder Feldsalat
1 TL getrocknete Lavendelblätter, grobgehackt
3 EL Sonnenblumenöl
1 EL Weißweinessig
Salz und frisch gemahlener schwarzer Pfeffer

Den Salat waschen und putzen. Lavendelblätter, Öl, Essig sowie Salz und Pfeffer in ein Glas mit Schraubverschluß geben und schütteln, bis die Zutaten gut vermischt sind. Das Dressing unter den Salat heben, dann servieren.

Meerbarbe mit Lavendel

Geben Sie einmal ein etwas anderes Grillessen, indem Sie frische Barbe servieren, der Lavendel sein köstliches Aroma verliehen hat. Streuen Sie einige Lavendelblüten auf die Kohlen und Sie können diese leckere Mahlzeit in einer wunderbar duftenden Umgebung genießen.

ZUTATEN
4 Meerbarben, küchenfertig vorbereitet
4 EL Olivenöl
3 EL frische Lavendelblätter oder
1 EL getrocknete Lavendelblätter, grobgehackt
Salz und frisch gemahlener schwarzer Pfeffer
Schale von 1 unbehandelten Zitrone, in Stücke geschnitten
4 Frühlingszwiebeln, grobgehackt

Die Meerbarben in den übrigen Zutaten für mindestens 3 Stunden ziehen lassen. Die Aromazutaten abstreifen, die Schalenstücke entfernen. Die Fische auf jeder Seite 5–7 Minuten grillen, zwischendurch mit Marinade bestreichen. Sie können auch im Backofen oder unter dem elektrischen Grill gegart werden.

LAVENDELKEKSE

Volkstümlich wurde Lavendel stets mit Liebe in Verbindung gebracht. Da Liebe bekanntlich auch durch den Magen geht, sind diese herzförmigen Kekse ein schönes Geschenk für den Valentinstag oder einen anderen romantischen Anlaß.

ZUTATEN

120 g weiche Butter
60 g Zucker
180 g Mehl
2 EL frische Lavendelblüten oder 1 EL getrocknete Lavendelblüten für die Küche, grobgehackt
25 g feiner Zucker zum Bestreuen

Ergibt 16 bis 18 Stück

1 Butter und Zucker schaumig schlagen. Mehl und Lavendel unterrühren und einen weichen Teig herstellen. Zu einer Kugel formen und abgedeckt für 15 Minuten kaltstellen.

2 Den Backofen auf 200 °C vorheizen. Den Teig ausrollen und mit einem 5 cm großen herzförmigen Ausstecher etwa 18 Kekse ausstechen. Auf ein Backblech legen und etwa 10 Minuten backen, bis sie goldbraun sind.

3 Die Kekse 5 Minuten stehenlassen, dann zum Auskühlen mit einem Spatel oder Bratenwender behutsam auf ein Kuchengitter heben. In einem luftdicht verschlossenen Behälter halten sich die Kekse bis zu einer Woche.

FENCHEL-LAVENDEL-TÖRTCHEN

Duftender Lavendel paßt hervorragend zu dem aromatischen Geschmack von Fenchel. Diese ausgefallenen, köstlichen Törtchen sind eine ausgezeichnete Vorspeise für den Sommer.

ZUTATEN

TEIG

120 g Mehl
1 Prise Salz
50 g gekühlte Butter, in Würfel geschnitten
2 TL kaltes Wasser

FÜLLUNG

75 g Butter
1 große Gemüsezwiebel, in dünne Scheiben geschnitten
1 Fenchelknolle, geputzt und in Scheiben geschnitten
2 EL frische Lavendelblüten oder 1 EL getrockneter Lavendel für die Küche, grobgehackt
250 ml Crème fraîche
2 Eidotter

FÜR 4 PERSONEN

1 Mehl und Salz zusammen in eine Schüssel sieben. Die Butter einarbeiten, bis die Mischung die Konsistenz von Brotkrümeln hat. Das Wasser unterkneten und den Teig zu einer Kugel formen. Den Teig ausrollen und vier Förmchen mit 8 cm Durchmesser auslegen. Die Böden mit einer Gabel einstechen und kalt stellen. Den Backofen auf 200 °C vorheizen. Die Butter in einem Topf zerlassen, dann Zwiebel, Fenchel und Lavendel hinzufügen. Auf schwacher Hitze, mit nassem Butterbrotpapier abgedeckt, in 15 Minuten goldbraun garen.

2 Die Teigböden mit Butterbrotpapier abdecken und 5 Minuten blindbacken. Das Papier entfernen und die Törtchen noch einmal 4 Minuten backen. Die Backofentemperatur auf 180 °C reduzieren. Eidotter, Crème fraîche sowie Salz und Pfeffer verschlagen. Die gegarte Zwiebelmischung in die Törtchen schöpfen und die Eiersahne darübergießen. Die gefüllten Törtchen für 10–15 Minuten in den Backofen schieben, bis die Mischung gestockt und goldbraun ist. Mit etwas zusätzlichem Lavendel bestreut warm oder kalt servieren.

LAVENDELKUCHEN

Backen Sie einen nostalgischen, nach Sommer duftenden Kuchen, der an jene lange zurückliegenden Zeiten erinnert, als man Lavendel nicht nur wegen seines Duftes, sondern auch wegen seines typischen Geschmacks schätzte.

ZUTATEN
175 g weiche Butter
175 g Zucker
3 Eier, verquirlt
175 g Mehl, gesiebt
und mit 1 TL Backpulver gemischt
1 EL frische Lavendelblütchen oder 1 EL
getrockneter Lavendel für die Küche, grobgehackt
½ TL Vanille-Extrakt
2 EL Milch
50 g Puderzucker, gesiebt und mit 1 TL gemischt
½ TL Wasser
Einige frische Lavendelblüten

1 Den Backofen auf 180 °C vorheizen. Eine Kranzform oder eine hohe 20 cm-Springform dünn einfetten und mit Mehl ausstäuben. Butter und Zucker schaumig schlagen. Nach und nach die Eier hinzufügen und jedesmal sorgfältig unterschlagen. Wenn die Mischung dick wird und glänzt, Mehl, Lavendel, Vanille-Extrakt und zuletzt die Milch unterziehen.

2 Den Teig in die Kuchenform füllen und 1 Stunde backen. Den Kuchen aus dem Ofen nehmen und 5 Minuten stehenlassen, dann zum Auskühlen auf ein Kuchengitter stürzen. Puderzucker und Wasser glattrühren und über den Kuchen gießen. Den Kuchen mit frischen Lavendelblüten verzieren.

LAVENDEL-SCONES

Diesen weichen Brötchen verleiht Lavendel einen köstlichen Duft, der gut zu der Süße der sommerlichen Beerenfrüchte paßt. Die Brötchen sind eine herrliche Leckerei für einen Teetisch nach englischer Art, auch wenn das Aroma der Brötchen heutzutage zunächst etwas ungewöhnlich anmuten mag.

ZUTATEN
225 g Mehl
2 TL Backpulver
50 g Butter
50 g Zucker
2 TL frische Lavendelblüten oder
1 TL getrocknete Lavendelblüten
für die Küche, grobgehackt
Etwa 150 ml Milch

1 Den Backofen auf 220 °C vorheizen. Mehl und Backpulver sorgfältig in eine Schüssel sieben und die Butter einarbeiten, bis die Mischung die Konsistenz von Brotkrümeln hat. Zucker und Lavendel hineinrühren, etwas Lavendel jedoch zum Bestreuen der Brötchen zurückstellen. Genügend Milch hinzufügen, so daß ein weicher Teig entsteht. Auf die gut bemehlte Arbeitsfläche setzen und zu einer Kugel formen.

2 Den Teig behutsam flachklopfen, bis er 2,5 cm Dicke hat. Mit einem bemehlten runden Ausstecher zwölf Brötchen ausstechen und diese auf ein Backblech setzen. Mit Milch bestreichen und mit dem restlichen Lavendel bestreuen. Die Brötchen in 10–12 Minuten goldbraun backen. Warm mit Pflaumenmus und Crème double servieren.

SCHABLONEN

LINKS: Lavendelherz als Wandschmuck (Seite 80).

RECHTS: Duftkissen (Seite 44); auf 20 cm Höhe vergrößern.

UNTEN: Badebeutel (Seite 105); auf 14 x 20 cm für das Rechteck und zusätzlich 12 cm für die Spitze vergrößern.

SCHABLONEN

Diese Schablonen können entweder mit Hilfe eines Rasters oder auf dem Fotokopierer vergrößert werden. Wer sich für die Rastermethode entscheidet, paust die Schablone ab und unterteilt die Fläche anschließend in Quadrate gleicher Größe. Zum Vergrößern zeichnet man auf einem anderen Blatt ein größeres Raster und überträgt den Umriß Quadrat für Quadrat vom kleineren auf das größere Raster. Zum Schluß zieht man die Linien noch einmal nach.

OBEN: Wandbehang aus Bändern (Seite 98); Bänderspitzen; auf 7,5 cm Breite vergrößern.

LINKS UND RECHTS: Waschhandschuh (Seite 106); auf 26 x 16,5 cm (ohne Daumen) vergrößern.

Bezugsquellen für getrockneten Lavendel und verschiedene Lavendelprodukte

BRENNESSEL
(Laden und Versand)
Türkenstraße 60
807799 München
Tel. 0 89/28 03 03
Fax 0 89/2 80 20 49

LA FLORINA
(Versand)
Lanzenhaimer Straße 5
36369 Lautertal
Tel. 0 66 43/85 05
Fax 0 66 43/73 66

NEUMOND – DÜFTE DER NATUR
(Versand)
Mühlfelder Straße 70
82211 Herrsching
Tel. 0 81 52/88 00
Fax 0 81 52/22 11

PRIMAVERA LIFE
Vertrieb und Export von ätherischen
Ölen & Kosmetik GmbH
Am Fichtenholz 5
D-87477 Sulzberg
Tel. 0 83 76/8 08-0
Fax 0 83 76/8 08-39

SPINNRAD VERSANDHANDEL
Zentrale
Am Luftschacht 3a
45886 Gelsenkirchen
Tel. 02 09/1 70 00 43
Fax 02 09/1 70 00 40

Register

Halbfett gesetzte Seitenzahlen beziehen sich auf ausführliche, illustrierte Herstellungsanleitungen

DANKSAGUNG

Ein Buch ist nie das Werk einer einzigen Person. Es entsteht immer durch den Einsatz und das Zusammenwirken eines Teams. Mein ganz besonderer Dank gilt Debbie Patterson für ihre Ideen und die kunstvolle Gestaltung der Fotos; Joanne Rippin für ihren Witz und Humor, für ihre Vision von einem neuen Lavendelbuch und ihre Flexibilität während der gesamten Arbeit an diesem Buch; Liz Trigg für ihre köstlichen Rezepte; Ann und Henry Head von Norfolk Lavender für ihre Unterstützung und ihre erstaunliche Energie mit der sie zu allen Arbeiten für unser Projekt immer den besten Lavendel lieferten; Tony Hill von Wallace Antiques für die geschmackvollen Requisiten; Damask, die mir bezaubernde Lavendeltaschen und Accessoires zur Verfügung stellten; Cameron-Shaw für den eindrucksvollen Lavendelbaum auf Seite 68 und verschiedene Gefäße; Gloria Nicol, die freundlicherweise die Anleitung für die Kerzenringe aus ihrem Buch über Kerzen beitrug, und speziell Nigel Partridge für das elegante Design dieses Buches.